Mateo Gisbert

Diccionario
Bagobo-Español

Barcelona **2024**
Linkgua-ediciones.com

Créditos

Título original: Diccionario Bagobo-Español.

© 2024, Red ediciones S.L.

e-mail: info@linkgua.com

Diseño de cubierta: Michel Mallard.

ISBN tapa dura: 978-84-1126-147-0.
ISBN rústica: 978-84-9953-052-9.
ISBN ebook: 978-84-9953-051-2.

Sumario

Al lector

Al publicarse por vez primera, este pequeño Diccionario Bagobo-Español, que con no poca paciencia hemos compuesto y ordenado, debemos recordar, o amado lector, lo dicho ya en el prólogo del Diccionario Español-Bagobo, respecto a la separación de sílabas que existe en muchas palabras bagobas, cuya separación la indica un guión o pequeña línea horizontal, que generalmente se encontrará entre dos consonantes iguales como por ejemplo en OD-DO GON-NAO, en cuyas palabras y en otras semejantes, la consonante suena lo mismo en la sílaba posterior que en la anterior, si bien en ésta es en donde especialmente se carga el acento, procurando que la pronunciación sea clara e imitativa en lo posible.

Mas este guión que separa unas sílabas de otras cuando la ortografía bagoba así lo exige, no ha de confundirse con el guión o línea horizontal que en este Diccionario bagobo usamos, a fin de dar a conocer las Raíces en toda palabra compuesta, y al efecto usaremos para esto de un guión de tamaño algo mayor. Así en la palabra bagoba OD-DO=AN que tiene dos guiones el menor indica cómo debe separarse una sílaba de otra en la pronunciación, y el mayor que separa la sílaba AN que no pertenece a la Raíz, da a conocer desde luego que en OD-DO=AN, habitación, la Raíz es OD-DO, habitar, como en CA=RAMIT=AN, temor, se ve que la Raíz es RA-MIT, temer.

Según se ha observado, en el lenguaje bagobo no se encuentra la letra F, como tampoco la X. Además hay que notar que la E, se funde en la I, la J en la H, la K en la C o en la Q, la U en la C, y la V en la B: por lo cual en el orden alfabético de este Diccionario Bagobo, se ha prescindido también de dichas letras.

La única abreviatura que se pone en este Diccionario es P. E. en donde entenderás que aquella palabra junto a la cual están, es española, pero admitida ya por los Bagobos.

M. G. S. J.

A

Abagat: Viento sur.

Abas: Marea baja, baja mar.

Ab-bong: Ano.

Abe: Alguna vez.

Abó: Ceniza.

Aboc: Fibra.

Abog: Apriscar.

Abol: Rodillo. || Bisabuelo.

Abong: Mucosidad.

Acar: Engaño: Acaran co si candin. Le engañaré. Matigacar. Engañador, traidor.

Acas: Petardear.

Aco: Apropiarse una cosa: Diri acoon co toy. No temas que me apropie eso. || Fiar, ser fiador, responder de alguna cosa.

Acon ca caosig: Rivalidad.

Acos: Faja, cíngulo, ceñidor.

Addin: Escasamente.

Ad-ding: Acercarse, detenerse alguno en alguna parte. Visitar de paso algún lugar o persona: Ad-ding ca pa dini. Acércate aquí un momento.

Ad-ding-anan: Mesón, posada.

Ad-doc ca laoa: Transpirar, traspiración.

Adí: Hermano menor. || Amigo; || Expresión familiar y muy significativa, usada de ordinario por los bagobos en todos los casos en que los bisayas usan de laguí, que es su equivalente.

Adoy!: ¡Ay! Expresión de dolor.

Agá: Tamiz.

Agad: Aunque, por más que.

Agad ondin: Cualquier cosa.

Agad pa: Además de.

Agad sadan: Cualquiera.

Agag: Arrastrar por agua.

Agang: Sed, deseo de beber.

Agao: Arrebatar, quitar. || Llevar tras sí, atraer.

Agdao: Sauco.

Agó: Quizás, acaso.

Agomud: Bufar.

Agong: Agom, campana mora, instrumento que los bagobos aprecian como alhaja de mucho valor y uso entre ellos.

Agor agor: Sufrir, tolerar: Agor agor ca, adi. Esfuérzate en sufrir, amigo. Diri maggor. No puedo sufrirlo.

Agot: Limpiar abacá.

Agpot: Entender, comprender lo que se dice: ¿Macagpot si cona ca bagobo? ¿Entiendes tú el bagobo? Diri macagpot. No entiendo.

Aguing: Zumbar.

Aha: Mirar, observar: Aha no toy. Mira eso: Aha-an ta con. Dice que ya lo miraremos, dicen que lo miremos.

Aha ca coto: Espulgar.

Aha-anan: Atalaya, torreón.

Aho: Entrar. || Acorralar.

Alad: Cerca, cerco, vallado, tapia que se pone al rededor de cualquier heredad, estacada.

Alad alad: Verja.

Alang alang: Vacilar, dudar.

Alao: Apriscar.

Alat: Canasta, cesto de bejuco.

Alig: Cuello.

Alin: Mudarse, variar.

Alit alit: Agasajar.

Al-lan: Brindar.

Al-lang: Esclavo.

Al-lo: Sol, día: ¿Andin bon-nong ca al-lo? ¿Qué hora es?—Malos-sot al-lo. Ya es mediodía.

Al-long: Sombra, espectro. || Adular.

Al-lus: Ir, proseguir.

Al-lus-an: Lugar adonde uno se dirige: ¿Doon pa al-lus-an no? ¿Tienes todavía alguna parte adonde ir?—Al-lus-an co pa Santa Cruz. He de ir aun a Santa Cruz.

Alodon: Estropajo.

Ama ca boñag: Padrino de bautismo.

Amay amay: Apadrinar.

Ambag: Corregir, instruir.

Ambag ambag: Discutir.

Ambó: Ratón.

Ame: Padre.

Amian: Viento Norte.

Am-ma: Padre.

Am-ma sonud: Padrastro.

Am-mayen-non: Tío, hermano del padre o de la madre, o primo hermano de los mismos.

Amot: Acoger, acogerse.

Ampas: Pañal.

Ampo: Suplicar, rogar.

Ampo-anan: Adorable, digno de adoración, de suplicación, etc. || Titular, protector.

Ampog: Hogar.

Ampor: Imbécil. || Fogón, pira.

Anag: Menestra.

Ancat: Deuda: Matigancat. Amigo de deudas. Diri sac-can magpa-ancat. Yo no puedo dejar prestado.

Andá: Nada, ninguna cosa: ¿Doon simat no? Andá den. ¿Tienes agjas? No, ninguna, ya se han acabado. Y andá pa ca dag. Invicto: Andá ontong. Inútil, no sirve.

Anda: ¿Adónde? ¿En dónde?—¿Anda saro ta? ¿Adónde vamos?—¿Anda saro ca binoñagan mapia? ¿Adónde van los buenos cristianos?—Doton langit. Al cielo: Yan infieles ca diri mallag capó buñagan, ¿anda saro dan? Doton quilot. ¿Y los infieles, si no se bautizan, adónde irán? Al infierno. || ¿Anda ca god-do? ¿En dónde vives tú?—¿Yan Diuata anda god-do? ¿Y Dios en donde está?—Doton langit, dini tana, o ca tibuoc banua. En el cielo, en la tierra, y en todo lugar.

Andam: Justo.

Andin: ¿Qué? ¿Qué cosa? ¿Qué hay?—¿Andin cato? ¿Qué es eso?—¿Andin callag no? ¿Qué quieres?—¿Andin pa? ¿Qué mas?

Ane, anay: Hormiga blanca muy destructora.

Anga: Tardanza, dilación, espera.

Ange: Apresar, coger, alcanzar. || Abortar o malparir.

Anit: Coraza.

Anito: Agüero, presagio, adivinación o pronóstico vano. Algunos bagobos hay que dicen tener su anito con el cual hablan en particular y ordinariamente a oscuras. Dichos bagobos suelen dar en qué entender por usar de maleficios y alucinar a los inocentes y tímidos.

Anito-an: Agorero.

An-nir: Escarnio.

Anong anong: Acordar pensar, resolver.

Antag: Echar, arrojar.

Antal: Oscilar.

Antay: Vivir, existir.

Antay-an: Vida, existencia.

Antog: Botar, bote, proyección.

Antug-anan ca maripa: Muladar, basurero.

Aoac: Cintura.

Aoai: Riña, reñir.

Aoi: Redimir, recobrar, libertar.

Apanan: Cebo.

Apang: Langosta.

Aping: Carrillo.

Apo: Abuelo, nieto. || Monte y volcán Apo.

Apog: Cal.

Apog-an: Calero, argamasa.

Apol: Competir, desobedecer.

Apolay: Debatir.

Apol-on: Desobediente.

Apot: Recurrir.

Apot-anan: Recurso, amparo.

Apoy: Fuego. || Culebra venenosa.

Ap-pa: Granza, salvado.

Ap-pat: Cuatro.

Ap-pis: Deshinchar.

Arab: Pantano.

Arangat: Pronunciar mal.

Arat: Rendija. || Rajar.

Aric: Desgranar.

Arig: Remilgarse.

Aringasa: Disgusto.

Aroc: Bramar el mar.

Aros: Corriente.

Aroy: Convenir, acceder.

Asag: Piso, suelo.

Asal: Con tal que, basta que.

Asin: Sal.

Aso: Perro, perra.

As-sa: Otro, otra, otra cosa diferente.

As-som: Limón, cosa agria.

Atad: Tablado, balsa.

Ate, atay: Hígado.

Atean: Faja de mujer.

Ating: Sudor, sudar.

Atingan: Olfato.

Ato: Impugnar, contrarrestar, oponerse.

Atoc: Profetizar. || Opuesto.

Aton: Adoptar, prohijar, acoger.

Atop: Techo.

Atop atop: Cobertizo.

Atos: Pechina, concha.

Atubang-ay: Presencia.

Atud: Ventanear, asomarse a la ventana.

Atud-anan: Ventana.

Ayag: Manifestar, descubrir.

Ayas: Acusar.

Ayil: Contradecir, contrarrestar.

Ayil-on: Impugnador, contumaz.

Ayon: Continuar.

Ayor: Convenir, consentir.

B

Ba: ¡Ah! Expresión de admiración.

Baas: Partido, parcialidad, bando.

Baba: Llevar a cuestas.

Ba-bata-an: Matriz.

Bab-ba: Boca.

Baboy: Cerdo.

Baboyan: Convulsión, ataque epiléptico.

Baca: Buey, vaca.

Bacaron: Gaznate.

Bacarong: Lepra.

Bac-catin: Lechón, cochinillo.

Baclat: Corral de pesca.

Baclay: Caminar o andar por la playa.

Baclay-an: Arena, playa de mar o de río.

Bac-cló: Anillo de bejuco.

Bacocan: Bubas, llagas contagiosas.

Bacocan-non: Buboso, llagoso.

Bacor: Impedido.

Bacorong: Garganta.

Bacosan: Culebra.

Badí: Cuchillo.

Baga: Ascua.

Bagahan: Brasero.

Bagang: Muela de la boca.

Baganga: Zarza, arbusto con púas y gan-chos.

Bagcos: Agarrotar, amarrar.

Bagcot: Manojo, atado.

Bagnas: Estregar, refregar una cosa con otra.

Bagtag: Pantorrilla.

Baguete: Problema.

Baguio: Huracán.

Baguisan: Tiburón.

Bahá: Avenida.

Baha ca bab-ba: Carrillo.

Bahóbahó: Hormiga.

Bailo: Cambiar.

Balabag: Atravesar, cruzar.

Balabag ca sal-lat: Peldaño.

Balab-ba: Vino de caña dulce. || Vino en general.

Balacat: Aparador, trastera.

Balacauang: Cadera.

Balacayo: Flauta.

Balagon: Bejuco en general.

Balaisan: Una especie de junco o carrizo, cuya flor o ramito colocan los bagobos en las lanzas después de haber hecho alguna muerte o sacrificado, llevando como trofeo su significativo balaisan a casa, a fin de colocarlo en la caña o balacat, que es como si dijéramos el altar de Búsao.

Balangaoan: Iris. || Un moscardón.

Balante: Hilera.

Balaoasan: Meya, paguro: Un cangrejo.

Balatig: Trampa para coger cerdos y venados. || La constelación llamada Orión, por la que seguían los bagobos para hacer sus sementeras de palay todos los años.

Balatino: Ébano.

Balatong: Habichuelas, alubias.

Balattam: Hechicero.

Balbal: Brujo, duende.

Bale: Casa.

Bale bale: Andamio.

Balean: Telaraña.

Balese: Envilecer.

Balibad: Excusa.

Balicoco: Embudo.

Baligtus: Estipular, estipulación.

Baliles: Tonel.

Balilin: Fiar, fianza.

Baling: Antes bien.

Balisocoon: Cariacontecido.

Balitang: Almorranas.

Bal-lad: Brazo. Mangas de camisa, de chaqueta, etc.

Bal-li-anan: Tabanco, tienda.

Bal-ling: Subversión.

Bal-long: Divertir, recrear.

Bal-long-anan: Diversión, espectáculo.

Bal-lus: Hambre.

Baloatan: Náusea.

Balon: Avío.==Balon ca belol.==Viático.

Baloy: Lado, flanco.

Baloy ca caoanan: Estribor.

Baloy ca ibang: Babor.

Baloy dini: A este lado.

Baloy doton: Al otro lado.

Balud: Oleaje.

Balus: Premiar. || Vengar.

Balut: Mezclar, confundir.

Balloc: Torcer.

Bana: Novio, novia.

Banag: Zarzaparrilla.

Banagon: Camarón.

Banat: Elasticidad.

Banban: Junco del cual se sirven los indios para coser nipa.

Bancolas: Ovillo.

Bangag: Habichuelas.

Bangal: Solera.

Bangol: Tocón.

Bangon: Levantarse, levantar.

Bani: Ayer.

Bani mapon: Anoche, ayer tarde.

Ban-nan: Estornudar. Es para los bagobos señal de mal agüero, si por casualidad alguno estornuda al salir de casa.==Madat e limokon, dicen; y no emprenden ya por entonces el viaje que pensaban hacer.

Banog: Gavilán.

Bansalan: Timón.

Bansoal: Palanca.

Bantac: Execrar, vituperar.

Bantanod: Celoso.

Bantog: Celebridad.

Bantog-on: Famoso, afamado.

Bantolinao: Ébano.

Banud: Guía. || Alcahuete.

Banza: Grada.

Baoang: Ajos.

Baog: Barranco.

Baog-an: Valle estrecho, quebrada, barranco.

Baoi: Curar, medicina.

Baos: Liar, manojo.

Baot: Acarrear. Disponer el equipaje.

Baoy: Adusto, poco tratable.

Baoyo: Encima, sobre. || Superficie.

Baquilid: Colina, collado.

Baquit: Costal, bayón.

Baracas: Balde.

Barange: Embarcación.

Barag-gues: Herpes.

Bareg-gues-on: Sarnoso, herpético.

Bari: Partícula que antepuesta. Partícula que antepuesta a alguna raíz, quiere decir que el sujeto a que se refiere es aquello que la raíz significa V.gr. Osoy. Juego. Bari-osoy. Juguetón, Chistoso.

Bariara: Naranja.

Baringas: Procaz, insolente.

Baringbaring: Distraerse, callejear.

Baringor: Tentación.

Bari-osoy: Chistoso, juguetón.

Bari-pamoyo-on: Pedigüeño.

Bari-ragoro-on: Jovial, alegre, divertido.

Bariri balili: Grama.

Bari-saoan: Concubina.

Bari-soco-on: Funesto, fúnebre.

Baritanod-don: Celoso.

Barob-bo: Árbol frutal del bosque, cuya fruta es como garbanzos, y cocida es comestible y alimenticia.

Baroc: Yesca.

Barogboc: Polvo.

Barong: Aguda punta, extremidad.

Baron-nos: Noticia, algazara.

Baróo: Espuma. || Madeja.

Barotgosi: Deshonesto.

Barottog-gon: Deshonestidad, deshonesto.

Basa: Respeto, deferencia. || Índole.

Basag: Palma. || Las rajas que se hacen de su tronco.

Basa-hanan: Honorable, digno de veneración y respeto.

Basal: Calabaza.

Basbas: Desbastar.

Basi: Acaso.

Baso: Moderno. || Bazo.

Bata: Hijo. || Niño, muchacho, joven.

Bata ca boñag: Hijo de bautismo, ahijado.

Batad: Maíz.

Batang: Tronco o madero caído.

Bata-onnon: Sobrino.

Batil: Atrancar.

Bató: Piedra.

Bató balani: Piedra imán.

Bató bitican: Pedernal.

Bató maloos: Mármol.

Batoc: Color. || Aspecto, estampa, cuño.

Batoc-can: De varios colores. || Colorado, encarnado.

Batog: Poder, tener fuerza para obrar, para sufrir, etc. || Tener facilidad, ser posible. || Diri nio mabatog toy, so maboggat lomo. No os será posible eso, porque es trabajo pesado.

Batol: Despejado.

Baton: Pedregal.

Batong: Cota, Pared.

Batto: Castrar.

Battom: Mijo.

Bay, baye: Mujer, hembra.

Bayá: Conceder, poder, querer. || Sac-can magbayá canico. Yo cuidado de ti. || ¿Sadan migbayá? Yan Diuata migbayá ca langon. ¿Quién es el que dispone de nosotros? Dios es el que dispone de todas las cosas.

Bayabas: Guayaba, árbol frutal.

Bayad: Pagar.

Bayad-an: Deuda.

Baye, bay: Mujer, hembra: Baye diri igbata. Mujer estéril. Baye onaoa ca mama. Marimacho.

Bayó: Cuñado.

Becabeca: Patiabierto.

Belet: Desparramarse.

Benot: Abogar.

Bero: Hollín.

Besa ca raro: Picadura.

Betinbetin: Colgadura, frontal.

Betin-no: Constipación, constiparse.

Betin-no-on: Constipado.

Betol: Amotinar.

Biaan: Año, edad, época.

Biagsa: Fabricante.

Biala: Red, atarraya.

Biao: Árbol grande que abunda mucho en los montes en donde viven los bagobos. Su fruta es del tamaño de una nuez, muy aceitosa y apreciada en el comercio.

Biaoan: Brea.

Bib-bi: Regar, derramar.

Bibig: Labios, boca. || Corregir.

Bibir: Barrena.

Bic-cas: Espiga.

Bicon: Escalfador.

Bili bili: Carnero, cordero, borrego.

Bilin: Herencia.

Bil-li: Comprar.

Bilog: Flecha.

Bina: Algazara. || Estornudar.

Binasbas: Astilla.

Binayo: Pilar o descascarillar el palay.

Bincog: Giba, giboso. || Arco, arquear.

Bincong: Azuela.

Bingol: Sordo.

Bin-ni: Semilla.

Bin-ni-an: Hacer semillero.

Bin-notan: Asfixiado.

Binoaya: Norma, escuadra.

Binocboc: Buñuelo.

Binongongan: Fajo.

Binuit: Anzuelo.

Bira bira: Bordear.

Birang: Numerar, contar.

Birang ca sosog: Recuento.

Biring: Rodar, bordear.

Biring-an: Huso.

Birit: Bisojo.

Biro: Hollín.

Bisay bisay: Veleta.

Bis-se: Rasgarse, desgarrar.

Bitana: Cerro, monte.

Biti: Chispa.

Bitil: Hambre.

Bitin: Colgar.

Bitin-anan: Cadalso, horca. || Percha.

Bítoc: Lombriz del cuerpo.

Bitud: Torcidamente.

Bitoca: Tripa.

Bitoro: Piojo.

Boa: Riñón.

Boaya: Caimán, cocodrilo.

Bob-bo ca patiocan: Panal de miel.

Bob-bo: Abertura, agujero.

Bobonal: Látigo.

Bobong: Muslo, pezón.

Boboro: Navaja, tijeras.

Bobuyog: Avispón.

Bocad: Asalto, sorpresa: Doton cabo-nosan madat y catago, so al-lo doquilom pagabocadan si quio. En el bosque se está mal porque día y noche seréis asaltados.

Bocal: Algodón. || Manilla.

Bocas: Abrir.

Bocboc: Gorgojo.

Boc-ca: Desplegar.

Boc-cor: Fuerza, vigor.

Boc-cor-on: Membrudo.

Boclas: Remolcar.

Boclat boclat: Relinga.

Bocó: Nudo.

Bocó bocó: Canilla.

Bocod: Frente.

Bocog: Detrás, dorso.

Boco-on: Nudoso.

Bucse: Remo.

Boctó: Romperse.

Bodcan: Descargar.

Bod-dayan: Manillas de alambre que llevan las mujeres bagobas en los brazos y muñecas.

Bod-de: Manillas, adornos de las muñecas.

Bod-yon: Trompeta, bocina, caracol marino.

Bogag: Fuente.

Bog-cot ca pangido: Enristre.

Bog-gas: Arroz.

Bog-gue: Dar, conceder.

Bo-gue taoang: Regalar, regalo: Diri co callag y bog-gue taoang no. No quiero yo tus regalos.

Bog-goc: Enfermedad: Bog-goc ca cagpa. Enfermedad de pecho, tisis, etc.

Bogon: Papera.

Bogol: Cochina, la hembra del cochino.

Boha: Asma, tos.

Boha-an: El que tiene tos.

Boladoc: Cabecear.

Bolaluan: Muela de moler.

Bolbol: Pluma de ave, pelo.

Bolbulon: Plumado.

Bolintos: Nudo, anudar. || Hacer contrato.

Bolit: Pintar, pintura, barniz.

Bol-las: Cambiar, relevar: Y madigor Capitán, diri bol-lasan. El buen Capitán no debe ser relevado.

Bol-log: Determinar, determinarse: Micabol-log den god-do, god-do ca. Mikabol-log pano, pano ca. Si has resuelto quedarte, quédate. Si has resuelto marchar, márchate.

Bol-lon: Cinta.

Bolud: Recodo.

Bonac: Lavar.

Bonciso: Marfil.

Boncog: Encrespar.

Bongansiso: Ballena.

Bongat: Maleficio así llamado que usan los bagobos, moros, y algunas otras tribus infieles del 4.º Distrito de Mindanao.

Bongot: Mostacho, barba.

Bongco: Giba.

Bongo bongo: Cráneo, calavera.

Bon-nal: Verdad, afirmar, aseverar.

Bon-ni: Herpes.

Bon-ni-on: El que tiene herpes, sarna, etc.

Bon-nong: Aspecto, parecer. Se usa de esta palabra en esta locución: Parece que, etc. V. gr: Diri mallag, bon-nong. Parece que no quiere. Yan Kapitan mapaboñag, bon-nong. Parece que el capitán se bautizará.

Bon-nong ca al-lo: Hora del día, aspecto del tiempo.

Bon-nong y macaramit: Espectro aspecto horrible.

Bon-nong bon-nong: Careta, simulación, disfraz.

Bonsod: Estacada. || Corral de pesca: Bonsodan nio ca tana y pangid. Clavad en el suelo las lanzas.

Bontog: Despachurrar.

Bontud: Prominencia.

Boñag: Bautismo, bautizar.

Boó: Abacá.

Booy: Fruto, producto, producir.

Bora: Espuma, esponja.

Boribid: Sesgo, torcido. || Retortijón.

Boriri: Retorcer.

Boroca: Riña, perturbación.

Borog borog: Arrullar.

Borong borong: Gruñir.

Boso: Madrépora.

Bosog: Arco, ballesta.

Bossoc: Aspa.

Bossog: Hartar, harto.

Bota: Ciego.

Botad: Tirar, remolcar.

Botbot: Motivo.

Botbot-an: Procedencia.

Botho: Aspecto.

Botig: Cerro.

Botong: Justo, cabal.

Botto: Explosión, petardo.

Bot-tom: Borona.

Boyos: Eunuco, afeminado.

Bubon: Pierna.

Buc-clas: Descoser. || Desenlutar.

Budbud: Ligadura.

Buga: Acordarse, desear afectuosamente ver al ausente: Mibugaan co si cona. Deseo mucho verte.

Bugao: Ahuyentar.

Bug-gon: Vejigatorio.

Bugot: Haba.

Buis: Tributo.

Bulagao: Barbirrubio, enrubiar.

Bulalo: Mentira, mentir.

Bulalo-an: Falsedad, engaño.

Bulalo ca cabasan: Caracol de mar.

Bulan: Mes, Luna.

Bulao: Dorar.

Búlao: Altercar, lidiar.

Bulaoan: Oro.

Bulaoan-an: Dorado.

Bulbol: Desplumar.

Bulit: Pintura, pintar.

Bulog: Ciego.

Bulus: Pieza. || Usar.

Bunal: Apalear.

Bunot: Cáscara.

Buntia: Margarita, perla.

Buntud: Colina, prominencia, declive.

Buñag-anan: Baptisterio.

Buod: Acorde.

Buoo, buoyo: Encima, sobre.

Burang: Navaja de gallos.

Buraye: Niño.

Burit: Retorcer, retortijar.

Buring: Mancha.

Buring-on: Manchado, sucio, mierdoso.

Burirang: Caballete de tejado.

Buru: Esquilar, cortar el cabello.==Tagaboro manobo. Hombre sin pelo.

Busbus: Derramar, desparramar.

Butbutan: Estirpe.

Buti: Viruela.

Buti-on: Virolento.

Buyas: Ridiculizar, mofar.

Buyoc: Doblegar.

Buyog buyog: Avispón.

C

Ca: Partícula relativa. Usase esta partícula como relativa. V.gr.==Pappang bagobo ca iniboñagan den, yan ded casarigan ta manobo.==Todos los bagobos que se han bautizado merecen mi confianza. Úsase también de ordinario como preparación en los casos que en español usamos de estas preposiciones: de, a, para, con, en, por, sin. V. gr: Yan sacop ca España, guminaoa ca Hadi. El súbdito español profesa amor al Rey: Con esta partícula ca antepuesta a la raíz, se forman ordinariamente los abstractos. V. gr: Datong, llegar: Ca-datong, llegada. Por fin, el ca se usa alguna vez como pronombre personal, en lugar de cona y si cona, segunda personal del singular. V. gr: ¿Andá ca? ¿Adónde vas?—Uli ca den. Vuélvete ya, etc.

Ca-al-lang: Esclavitud.

Ca-amay: Paternidad.

Ca-anda-an: Pobreza.

Ca-andá pa: Antes.

Ca-balo, ca-balo-an: Viudedad, viudez.

Cabaloan: Pocos.

Ca-baloyon: Mareo, desmayo, deliquio.

Caban: Arca, caja.

Ca-baring-an: Dificultad, impedimento.

Cabasan: Escollo.

Ca-bata-an: Juventud, niñez.

Ca-batasan-an: Ley, costumbre.

Ca-bayá: Fuero, querer, poder.

Cabcab: Despolvar.

Ca-bincog: Flexión.

Cabir: Morral, mochila.

Ca-birang: Suma.

Cabit: Manosear, teclear.

Cabit cabit: Manoseo.

Ca-bocad: Flor.

Ca-bocad-an: Florido.

Ca-boc cor-an: Vigor, fuerza.

Cabod-dos: Preñez.

Cabog: Murciélago.

Cabol: Malva.

Ca-bol-log: Decisión.

Ca-bolog: Ceguera.

Ca-bon-nal-an: Prueba, razón. || Credencial.

Ca-ani: Cosecha, recolección.

Ca-aroy-an: Conformidad, unanimidad.

Ca-baba-an: Bajura.

Cabal-lo: Aroma.

Ca-bon-nong bon-nong: Capricho.

Cabon-nosan: Bosque, selva.

Ca-borong: Consternación.

Ca-bosoa-an: Tentación, inspiración del demonio.

Ca-bosog-an: Saciedad, hartura.

Ca-bontu-dan: Prominencia.

Cabuon: Marisco. || Perla.

Cabus: Mengua, venir a menos.

Ca-cale: Piqueta, azadón.

Cacang: Brida, freno.

Ca-catig: Juicio, saber.

Ca-cayo-an: Alameda, arbolado.

Cacó: Cacao, planta y fruta así llamada.

Ca-col las: Estupor.

Ca-dabo: Caída, traspié.

Ca-dabo-an: Precipicio. || Engaño, trampa.

Ca-dacol-li: Sublimidad, grandeza, dignidad.

Ca-dacol-lan: Extensión, magnitud (como el anterior).

Cadag: Victoria.

Cadalao: Empeorar, ir una cosa de mal en peor: Cadalao-an a. Aun será peor.

Ca-dalang-an: Impedimento.

Ca-dal-lom-an: Profundidad.

Cadar: Raspar.

Ca-daraga: Pubertad de la mujer. ||
Soltería.

Cadar-an: Raspador.

Cadát: Mal, maldad, malear.

Cadat-an: Maldad, iniquidad, corrupción.

Ca-datas: Estatura, elevación.

Ca-dayao-an: Beatitud, bienaventuranza.

Ca-dayo: Alegría, consuelo.

Ca-día: Separación.

Ca-digor-an: Bien, bondad.

Ca-dil-los: Resbalón.

Ca-dil-los ca cagui: Tergiversación de
palabras.

Ca diri: Si no.

Cadita: Muchedumbre, abundancia.

Cadita-an: Muchedumbre de alguna
cosa. || Parentela.

Ca-diuata: Divinidad, numen.

Cadua: Segundo.

Ca-dol-la-an: Extrañeza.

Ca-doma-an: Compañía, compañero.

Ca-dom-mog: Choque.

Cadongan: Cuando (en futuro).

Cadongan pa: Cuando (en pretérito).

Cagaan: Levedad, suavidad, facilidad, de
poco peso.

Cagang: Cangrejo.

Cagani: Envalentonarse, enfurecerse,
furor.

Cagani-an: Valentía, atrocidad, fiereza.

Cagasa: Flaqueza, enflaquecer.

Cagasa-an: Flaqueza, extenuación, con-
tusión.

Cagat: Morder, arañar.

Caggud: Adquirir.

Cago: Jarana.

Ca-gob-ba: Destrucción, ruina.

Ca-gon nao: Frío, frialdad.

Ca-gon-nao-an: Escalofrío.

Cagpa: Pecho.

Cagpot: Entender, comprender: ¿Diri si cona ma-cagpot ca quinastila? ¿Tú no entiendes el español?—Cagpotan co den y bagobo. Yo entiendo el bagobo.

Cagui: Hablar. || Palabra, expresión.

Cagui cagui: Confabulación, enredo.

Ca-guit: Pisoteo, pisotear.

Cagui taoang: Sinrazón. || Codicia.

Ca-himan: Esperanza.

Ca-ibog-an: Antojadizo, caprichoso.

Caído: Misericordia.

Caído ido: Orfandad.

Caido-an: Caritativo, misericordioso.

Ca-itom-an: Negrura, tintura.

Cais: Rasa.

Caiya: Vergüenza.

Ca-labay-an: Demasía, exceso.

Ca-labi-an: Exageración.

Ca-laga-an: Preciosidad, precio, valor.

Calag calag: Pataleo.

Ca-lagbas: Trasfixión.

Ca-lagpus-an: Flagelación.

Calambat: Reja, enrejado, verja.

Ca-lambo: Lozanía.

Ca-lango: Crápula, embriaguez.

Calaoang: Azafrán.

Calasag: Escudo.

Calat: Hongo.

Ca-lauang-an: Penetración, mojadura.

Ca-layat ca layat-an: Altura. || Longitud.

Ca-layon ca bolan: Plenilunio.

Calibanbang: Mariposa.

Calibasbas: Golondrina.

Ca-licobang: Anchura.

Ca-lido: Desconsuelo, apuro, necesidad.

Ca-ligmat: Fugacidad.

Ca-lima: Quinto.

Ca-limud: Suma.

Ca-limod-an: Reunión, congregación.

Ca-linao-an: Bonanza, quietud, tranquilidad.

Ca-lingao: Olvidarse.

Calit calit: Balancear.

Ca-liuat-an: Estirpe.

Calius: Dislocación.

Cal-las: Conmoción.

Caloa: Segundo, segunda. || Manceba, segunda mujer.

Ca-loblob: Atasco, atascarse.

Calogcog: Acribar.

Calogcogan: Marisco.

Ca-log-god-an: Esmero, cuidado.

Calogog: Verruga.

Calomate: Tomate.

Calomete: Flojedad, debilidad.

Ca-lom-mus: Humedad, mojadura.

Ca-lomoc: Blandura, suavidad.

Ca-lon-nao: Lozanía.

Ca-lonud: Retroceso.

Calosisi: Papagayo.

Ca-loto: Sazón, madurez.

Calumbanat: Perpetuidad, perennidad.

Ca-lun-nud: Sumersión.

Callag: Amar, querer.

Callet: Loro, perico.

Cama: Almohada.

Camagui: Collar de oro. Muy apreciado entre bagobos y otras tribus infieles de Mindanao.

Ca-mama: Pubertad del varón, virilidad.

Ca-mam-mis-an: Dulzura.

Camanga-an: Amoladera.

Ca-mate: Agonía, agonizar.

Ca-manobo-an: Humanidad. || Genio, costumbre.

Camay camay: Bracear.

Cambing, cabig: Cabra.

Camcam: Tocar, tocamiento.

Cami: Nosotros.

Cam-me: Canela.

Camod-dang: Miedo, horror.

Camot: Arrasar.

Campilan: Falange, arma blanca de afilado acero.

Campoc: Riñones.

Camugá: Legaña.

Camuga-on: Legañoso.

Can: Comida.

Canac-can: Para mí, a mí, conmigo.

Canat: Tirantez, tensión.

Ca-nayon-an: Confín.

Candin: Él, aquel.

Cange: Coger, agarrar.

Cangit-tong-ngan: Tinieblas, oscuridad.

Cangolog: Tontería. || Insensato, lunático.

Cangoi: Espiga.

Cani: Después, luego.

Ca-nipis-an: Delgadez, sutileza.

Canita: Para, a, con, por nosotros.

Ca-nito-an: Superstición.

Can-non: Aquí, ahora.

Can-numan: Sesenta.

Canob-bac: Precipitación.

Ca-nong-nong-an: Discreción.

Canogon: Deplorable, digno de lástima.

Caoa: Caldera.

Caoali: Cacerola.

Caoang: Hueco, vacío.

Caoasa: Caudal.

Caoayan: Caña.

Caob: Envainar.

Ca-od-do: Habitación, vivienda.

Caoil caoil-an: Broche.

Ca-og-got: Cópula.

Ca-ogpo-an: Descendencia, posteridad.

Ca-ola-an: Prodigalidad.

Ca-oli-an: Restauración.

Ca-olo: Caudillo, jefe.

Ca-onaoae: Simpatía, semejanza.

Ca-onat: Expansión, dilatación.

Ca-ontong-an: Provecho.

Ca-os-sa-an: Especialidad, diferencia.

Ca-otep: Bullicio, algazara.

Ca-palin-an: Cambio, conversión.

Ca-panayon-an: Prórroga.

Ca-panday-an: Industria, idea, destreza.

Ca-pantoc, ca-pantoc-an: Sinopsis, brevedad, derechura.

Ca-paos: Ronquera.

Ca-patag-an: Llanura.

Capcap: Tentar con las manos, examinar por medio del sentido del tacto.

Cape: Café.

Capi capi: Alear.

Ca-piapia: Convalecencia.

Capig: Cojo, baldado, cojera.

Ca-piid: Trasporte.

Ca-pirit: Fuerza, tiranía.

Capis capis: Aleta de pescado.

Ca-pit-to: Séptimo.

Ca-pit-toan: Setenta.

Capó: Palabra de subjuntivo: Acaso, por ventura, V. gr: Ca domatong capó si candin, marodini si cona. Si acaso llegase él, vendrás tú aquí.

Ca-pog-ga: Estrujón.

Capolan: Cajita de metal fundido en donde los bagobos y otros infieles guardan la cal para tomar buyo.

Ca-polao: Letargo, perturbación del juicio.

Ca-poloc-an: Necesidad.

Ca-ponga-an: Provecho, utilidad.

Ca-pon-no: Plenitud, colmo.

Capor: Torcaz.

Cap-pat: Cuarto.

Cap-po: Congoja.

Cap-poc: Asfixiarse, ahogarse.

Capus: Disminuirse, haber menos.

Caque: Primogénito, hermano mayor.

Ca-quingat: Avaricia.

Cara ca manoc: Cacarear.

Caraban: Cuesta, subida y bajada.

Caraban-an: Serranía.

Carabat: Ladera.

Carabo: Carabao.

Caraboso Pe: Cárcel, prisión.

Caracas: Crujir.

Caracobang: Caballa, pescado.

Caragag: Papagayo.

Caramag: Viento, aire.

Caramit-an: Grima, miedo.

Caran: Cogon, hierba que se da espontáneamente, y es muy buena para pasto de animales.

Caran-aoan: Cogonal. || Yermo, desierto.

Ca-rarag: Amarillez.

Cararing: Concebir, concepción.

Ca-ripongot: Irritación, enfado.

Caroan: Provecho, utilidad.

Carocob: Aprisco, jaula.

Carocong: Calentura intermitente.

Ca-rod-dog: Podredumbre.

Ca-rogrog: Brillo, lucimiento.

Carorong: Cucaracha.

Caroy-an: Unanimidad.

Carsada: Calzada, calle. || Reducción, pueblo.

Carupat: Migaja.

Ca-sab-bad: Especialidad.

Ca-sabo-an: Envidia.

Ca-sabad-di: Unidad.

Ca-sadon: Identidad.

Ca-sagda: Reprensión, escarmiento.

Ca-salabit: Modismo.

Ca-sampot: Murria, melancolía, triste recuerdo.

Ca-sampot-anan: Axioma.

Casange: Tocayo.

Ca-sapolo: Décimo.

Ca-sarig-an: Arrimo, apoyo, defensa.

Ca-sasao: Trastorno.

Cascas: Escarbar.

Ca-siao: Noveno.

Ca-siao-an: Noventa.

Ca-sicad: Prontitud.

Ca-sigpit-an: Aprieto, angustia.

Casila: Camote.

Ca-silad-an: Lugar de mucho silad o burí.

Ca-silat-an: Oriente.

Ca-sil-la: Esplendor, brillo.

Casili: Anguila.

Ca-simbacot: Prontitud.

Ca-sisip: Metáfora.

Casoc: Mosquito.

Ca-soco: Enfado.

Ca-sod-dor-an: Saber, experiencia.

Ca-Sol-loy: Empellón.

Ca-son-nang: Resplandor, lucimiento.

Ca-son-nud-an: Demasía.

Ca-soroc-an: Enseñada.

Castila: Español, natural de España.

Ca-sub-but: Zurcidura.

Ca-sucot: Apuro, aprieto.

Cata: Roña, sarna.

Ca-tabancao: Impureza, deshonestidad.

Ca-tagaga: Providencia, previsión.

Catagam: Experiencia, costumbre.

Catagami: Amigo, amistad, roce.

Ca-tago: Estado.

Cataladi: Hermano, pariente.

Cataladi-an: Hermandad, parentesco.

Ca-talao: Pusilanimidad.

Ca-talipag: Travesía.

Catalonan: Valle.

Catambud: Aseo.

Ca-tana tana: Recelo, sospecha.

Ca-tana-an: Ídem. Cuidado, temor.

Ca-tandan: Arrendamiento.

Ca-tapori-an: Postrimería, novismo.

Cataran: Valle.

Catig: Aptitud, saber.==Catig otep. Charlatán: Catig silum. Buzo: Catig selec. Calumniador.

Ca-tigaton-an: Propiedad, derecho.

Ca-timor-anan: Reunión, congregación. || Almacén.

Ca-tipo: Odio, mala voluntad, calumnia.

Catlo: Tercero.

Ca-tobus: Rescate, redención.

Ca-toga-an: Bondad.

Ca-tog-gas-an: Dureza, firmeza.

Ca-togol-lan: Vejez, decrepitud.

Ca-tol-lid-an: Rectitud, justicia.

Ca-tolo-an: Bobada, insania, locura, etc.

Catombal: Guindilla.

Catompa: Zanco.

Ca-top-poc-an: Indolencia, desaplicación.

Cat-tia: Botella, frasco.

Cat-to cat-to: Pulsación.

Caua: Disipar, esparcir. || Parte, fragmento.

Ca-ualo: Octavo.

Caui caui: Ensanche.

Cauit: Corchete, broche, gancho.

Caya: Pescar con cuerda y anzuelos.

Cayo: Árbol, leña y madera en general.

Ca-yomoc: Blandura, facilidad.

Co: Es de mí, mío; genitivo del pronombre personal sac-can. Co, vosotros. Nominativo del plural en lugar de quio, V.gr.==¿Anda co? ¿Adónde vais?

Coa: Fulano, zutano, etc.: Se usa de esta palabra cuando se quiere nombrar una cosa y no se acuerda del nombre, o el que habla no quiere nombrarla por ser malsonante, o por otro motivo cualquiera.

Cobang: Hueco, recinto: Cobang cobang ca cota. Nicho.

Cobol: Malva.

Cocob: Corral. || Granero.

Cocos: Cepillo.

Cod-dot: Pellizco, pellizcar. || Pliegue, arruga, rizo.==Cod-dot ca olo. Rizo de la cabeza.

Codon: Caldero.

Codong: Agacharse.

Cogal: Mover.

Cogang: Costra.

Coglong: Arpa.

Cogod: Rallar.

Cogton: Lograr, obtener.

Coguita: Calamar.

Colago: Lechuza.

Colambo: Mosquitero, pabellón.

Colat: Hongo.

Coliao: Haba.

Colili: Pito.

Colipo: Tordo.

Col-las: Horrorizar, se.

Col-long: Destentado.

Col long col long: Agitarse, menearse.

Com-mos: Amarsar.

Con: Dicen, se dice, cuentan.==Diri mallag con. Dicen que no quiere.

Coong: Encostradura.

Copas: Borrar, despintar.

Copoop: Abrazo, abrazar.

Corab: Sacudir, sacudida.

Corag-gui: Persona tonta.

Coraguing: Desgañitarse.

Corapang: Cribar.

Cocor: Horripilación, trepidación.

Coreng: Pincel.

Coret: Línea.

Corongan: Pejepalo.

Corong corong: Cascabel.

Cosapong: Mona.

Cosip: Murciélago.

Coso: Pantorrillas.

Cota: Pared.

Cotcot: Escarbar.

Coting coting: Quisquilloso, melindroso.

Coto: Piojo.

Cot-on: Piojoso.

Cub-bot: Arruga.

Cuda: Caballo.

Cugal: Deshumedecer.

Culan, curang: Faltar, haber menos.

Curigat: Crujir.

Cuyale: Abanico, abanicar.

D

Dabo: Caer.

Dabo-anan: Precipicio.

Dacop: Coger, arrebatar, esclavizar.

Dadang: Camarón.

Da-dan: Borde, orilla, extremo. || Hacia.

Dad-das: Desteñir. || Lampacear.

Dagang: Traficar.

Dagang-an: Comercio.

Dagat: Mar.

Dagdag: Añadir, propagar.

Dagmay: Sábana, manta.

Dagó dagó: Un momento.==Dini ca dagó dagó. Ven aquí tú un momento. || Poco a poco.==Pano quitá dagó dagó. Marchemos poco a poco.

Dagonot: Crujir.

Dagpang: Manotada, bofetón.

Dagpoc: Lavar la cara.

Dagsa: Borrasca, chubasco.

Daguing: Sonido, sonar.

Dahon: Hoja.

Dalamas: Piña.

Dalamba: Baranda, rastel.

Dalan: Camino, carretera.

Dalang: Impedimento, impedir.

Dalang-an: Apeo, impedimento.

Dalit: Veta, vena.

Dalogdog: Retumbar, bramar.

Dalom: Dentro, introducir. || Hondo.

Dalom-anan: Jarra, jarro.

Damag: Embate.

Damar: Embrear.

Damisan: Lacrimal.

Damó: Lugar anegadizo.

Dámor: Rocío, relente.

Damuan: Aguamanil.

Dangan: Tiempo de cosecha, temporada.

Dani: Acercarse.==Padani ca. Acércate tu.

Dantol: Asunto, objeto.

Daoiton: Música.

Dap-pan: Conforme, hermoso, etc.

Dap-poc: Lavar la cara.

Dapulan: Brasero.

Daraga: Soltera, púber.

Darago: Nombre de un espíritu infernal, feroz y valiente, a quien los bagobos invocan en sus fiestas salvajes, a fin de que les sea propicio en la guerra.

Darimora: Ave de rapiña.

Dario: Nipa, una palma de cuyas hojas se sirven los indios para techar sus casas y para otras manufacturas muy útiles.

Daro: Arado.

Darogcot: Lacre.

Daruang: Asomar, asomarse.

Daruang-an: Zaguán.

Dasdas: Enlodar. || Lampacear.

Dasoc: Apisonar, henchir.

Datas: Alto, arriba.

Data: Principal. En general puede llamarse así el que no es esclavo ni depende de otro.

Dato-anon: Principal, rico, poderoso.

Datong: Llegar, llegada.

Daya: Iláya.

Dayao: Deleitar, alegrar.

Dayas: Inundar.

Dayong: Remo, remar.

De: De nosotros. Genitivo del plural del pronombre personal Que, nosotros. V. gr: Doton banua andá sapi de. Allá en la ranchería no tenemos dinero.

Ded: Adverbio de modo. Solamente, tan solo.

Ded-der: Viento fuerte.

Den, don: Ya, luego, inmediatamente. V. gr: Ponga den. Se acabó.==Pano ca den. Marcha inmediatamente.

Denor: Brea.

Diá: Abdicar. || Absit, de ningún modo.

Día: Separar.

Diaga: Servir a alguno, alimentarle, etc.

Dian: Ahí: Dian den. Ahí está.

Diandi: Alianza, pacto, convención, amistad. Para hacer diandi dos Bagobos suelen regalarse mutuamente armas y otras alhajas de su uso, y si lo hacen con juramento, usan la fórmula de cortar el bejuco. Mientras se guarda fielmente el pacto se tratan como hermanos, y protegen mutuamente.

Digo digo: Catre.

Digos: Bañarse. || Un río de la parte S. O. del Seno de Davao.

Dila: Lengua.

Dilag dilag: Alba, aurora, despuntar la aurora, empezar a amanecer.

Dil-los: Resbalar, caer, deslizarse.

Diloc: Poco, pequeño.==Diloc ded. Apenas.

Dilot: Lamer.

Di mag-gor: Desaliento, desalentarse.

Din: De él. Genitivo de candin.

Dingding: Encubrir.

Dingildingil: Cotonearse.

Dini: Adverbio de lugar. Aquí: Maro dini ca. Ven acá: Maro doton si candin. Que vaya allá él.

Dinog: Oír. || Fama, celebridad.

Dioata: Dios.

Dipag: Atravesar río, mar, etc.

Dipanog: Sangre.

Dipanog-on: Ensangrentado. || La mujer que está en el periodo menstrual.

Diri: No: Diri pa nonga. Insuficiente: Diri den. De ningún modo.

Dita: Gluten, goma.

Ditor: Andrajo, estropajo.

Doá: Dos.

Dóa doa: Dudar.

Doay: Manceba de hombre casado: Tara doay. El varón que tiene dos mujeres.

Docdoc: Bofetada de revés.

Dod-dor: Surco.

Dogang: Añadir.

Dogang ca laga: Puja.

Dogdog: Pinchar, machucar.

Dog-ga: Acostarse.

Dog-ga-anan: Cama, dormitorio.

Dogmog: Pulverizar, polvo, harina. || Engrudo.

Dogso: Brincar, saltar.

Dogson: Leche.

Dolían: Fruta de este nombre que despide un olor muy fuerte, pero es comestible y muy apreciada.

Dol-la: Admirarse. || Causar sorpresa.

Dolong: Proa. || Atravesarse en la garganta.

Doma: Compañero, compañera, aliado.

Domalican manobo: Hombre moreno, mulato.

Dom-mog: Almidón.

Don, den: Ya, luego: Madani don, vel den. Ya está cerca: Cani den. Luego después: Paboñag ca den. Bautizate ya: Yan den. Eso es.

Dongdong: Cubierta, cobija.

Don-nac: Barrer, escobar, escoba.

Doon, don: Haber, tener: Doon pa al-lo, doon pa doquilom. Ya llegará la hora, aún hay tiempo.

Dopi: Desgajar.

Dop-pa: Braza. || Medir por brazas.

Dop-pi: Gemelo.

Doquilom: Noche: Madalom doquilom. Adelantada la noche.

Doroc: Pieza, cualquier cosa, cantidad, porción.

Dorog: Hoguera.

Dorong dorong: Adornar, engalanar.

Dorong dorong ca solo: Iluminar.

Doros: Invadir.

Dorot: Calero.

Dorugan: Entarimar, entablillar.

Doton: Adverbio de lugar. Allí, allá.

Doyan: Mecedera, camilla.

Dua: Dos.

Dua dúa: Dudar, duda.

Doc-cot: Encolar, pegar.

Dugue: Tardar. || Arista.

Dul-lo: Experimentar, escarmentar.

Dulot: Cópula.

Duruc: Podrir, pudrirse, consumirse.

Duyong: Pejemuller.

G

Gabas: Sierra, aserrar.

Gabata: Niñez.

Gab-bo: Ladrar.

Gac-cot: Genuino, propio.

Gacot: Enlazar.

Gading: Pendientes de marfil, marfil.

Galang: Alambre.

Gal-lat: Cuchillito que usan las mujeres bagobas.

Galong galong: Garrucho.

Galoung: Chocolatera.

Gamad: Ganancia.

Gamao gamao: Ninfa.

Gamboan-an: Palco, tribuna.

Gamot: Medicina.

Gamus: Andobar.

Gane: Andar a gatas.

Gapa: Descuartizar.

Gatas: Leche.

Gat-tap: Recelar.

Gatingan: Olfato.

Gatus: Ciento. Esta palabra acompañada casi siempre de un número, dice tantas veces ciento cuantas indique el número, V. gr: Doa gatus, ap-pat gatus, etc. Doscientos, cuatrocientos, etc.

Gatus ca timbangan: Libra.

Gauan: Limpiar.

Gaya gaya: Blandir el cris.

Gimo: Hacer. || Taraimo. Hacedor.

Go: Verdaderamente, cierto, de seguro.==Sadon go. Así es ciertamente.==Diri go. De ningún modo. Con go ademas suple muchas veces el bagobo el verbo ser V. gr: Sac-can go. Yo soy.==Yan Dios mapia go. Dios es verdaderamente bueno.==Yan cainpelisan dácol gó sala. La infidelidad es un gran pecado.

Gob-ba: Descomponer, destruir, aniquilar.

Gob-bang: Mella, menoscabo.

Gob-bo: Quemar.

God-do: Habitar, vivir.==Anda ca god-do? ¿En donde habitas? || Doton saca. Allá arriba. ¿Manan anda pa si cona god-do dini carsada? ¿Porque tú no vives ya aquí en la Reducción?

God-do-an: Casa, habitación, vivienda.

God-dod: Cimbar.

Gohoan: Parapeto.

Golao: Desgañitarse.

Golon: Olla pequeña.

Golonan: Almohada.

Gon-nao: Calofrío.

Gorongorong: Lluvioso.

Gosoy: Chuleta, costilla de carnero, vaca, etc.

Gosso: Coral.

Got-tas: Agonizar, boquear.

Got-tec, got-toc: Vientre, barriga.

Gueena: Antes, anteriormente, hace poco.

Guel-le: Porfiar.

Guerguer: Fricación, friega. || Limpiar piso, mesas, sillas, etc.

Guiay guiayan: Parihuela.

Guidam: Fiebre.

Guilob: Saliva, salivar, escupir: Mig-guilob ca dipanog. Escupir sangre.

Guimbar: Tambor.

Guimocod: Alma.

Guinamus: Adobo. || Pescadillo salado.

Guinaoa: Amor, amar. || Corazón, voluntad: Mi-nal-lang al-lang y guinaoa. Duda, vaguedad.

Guingot: Abominar.

Guinota: Vomitar. || Mareo, marearse.

Guintobungan: Hombro.

Guit: Pisar.

Guit-tan: Pisada, huella.

Guit-tanan: Tarima, entarimado.

Gumanan: Fábrica.

Guminaoa: Cariñoso.

Gunting: Tijera.

H

Habas: Decrecer, disminuir, bajar, retirarse las aguas en la marea baja.

Habol: Tejer.

Hadoc: Besar.

Halin halin: Contagiar.

Halo halo: Acción.

Hapon: Empeine.

Hari, hadi: Rey, emperador.

Hayag: Exponer.

Hembis: Escama.

Hiambong: Cenar.

Hicam: Estera, petate para dormir.

Hicot: Amarrar, agarrotar.

Hicot-anan: Amarradero. || El poste o argolla en donde se amarra alguna cosa.

Hidop: Aventar. || Soplar.

Higot: Apretar, constreñir.

Hilad: Acecinar. Salar las carnes y ponerlas al humo, o al Sol, para que enjutas se conserven.

Hilo: Veneno.

Hilos: Frotar.

Himan: Esperar.

Himo, gimo: Hacer.

Hinabol: Tejido.

Hinoras: Enjuagar.

Hios: Acogerse. || Recoger cosas desparramadas. || Disponer el equipaje para el viaje.

Hiram: Manosear.

Hiras: Loncha, lonja, tajada de carne, etc.

Hirayat: Maltratar, malherir, martirizar.

Hoaga: Hacer sacrificios humanos.==Matighoaga. Sacrificador—¡Hoagaan ca! ¡Sacrificado seas!—Esta es la maldición que los bagobos suelen echar a sus esclavos cuando se enfadan con ellos. Y en efecto suelen acabar todos en un sangriento sacrificio.

Hobad: Destejer, desovillar, desenredar.

Hocom, ocom: Juez, gobernador.

Hocom-an: Sentencia, disposición, arreglo.

Hocom-anan: Audiencia, juzgado.

Hola, ola: Botar, echar, arrojar, derramar.

Hom-me: Paláy, arroz con cáscara. || Año, edad: Pira hom-me pa. ¿Cuántos años hace?—Doa hom-me. Dos años.

Hone, honay: Manceba, amancebarse.

Horom: Empollar. || Enclocarse.

Hosay, hose: Componer, arreglar.==Tara hosay. Arreglador, componedor, apaciguador de contiendas.

I

Ibang: Izquierda, lado de babor.

Ibid: Iguana. Reptil de la figura del largato. Vive de ordinario en el agua y sus carnes son comestibles.

Ibo: Conjunción causal: Para que, a fin de que.==Masicad maradoton yan Pare ibo tabangan si candan. Pronto irá allá el Padre para ayudarles.

Ibog: Deseo, afecto vehemente: Caibog-an. El objeto que se desea ver u obtener.

Ibong: Aceite.

Icog: Rabo, cola.

Idis: ¡Ay! Interjección de dolor o admiración.

Idoc: Bufar.

Idong: Nariz.

Idop: Soplar.

Idop idop: Ambiente.

Igas: Luciérnaga.

Igop: Sorbo.

Ihao: Socarrar.

Ilad: Solear, secar.

Ilad-anan: Secadero.

Ilao: Crudo, verde.

Ilo: Lunar.

Ilob: Escupir.

Ilob-anan: Escupidera.

Ilos: Sobar.

Imar: Desistir.

Im-mot: Gastar, gastarse, acabarse una cosa.

Impon: Riqueza, enseres, efectos.

Impon-an: Opulencia.

Impos: Ultimar.

Ina ina: Madrina.

Inalad: Cerco, cerca.

Inay-anan: Madrastra.

Incani: Digno.

Indaya: Cantar.

Indin: No obstante.

Indos: Cagar, evacuar el vientre.

Indos ca dipanog: Cámaras de sangre. Disentería.

Indos-anan: Lugar escusado.

Iné: Madre. || Antepasados, ascendientes, abuelos.

Ingat: Invitar.

Ingot: Perseguir.

Ini: Este, esta, esto: Ini go. Este es.

Init: Calor.

Inog-gang: Asar sobre brasas.

Inol-lom: Almorzar.

Inol-long: Merendar.

In-ol-los: Misteriosamente, a escondidas.

Inolonan: Secundina.

Inom: Beber.

Inom-manan: Convite.

Inom-mon: Bebida.

Insa: Preguntar.

Insainsa: Averiguar, indagar, curiosear.

Insic: Chino.

Inuta: Vomitar, arrojar con náusea.

Ipa: Deparar.

Ipos: Cucaracha.

Iring: Imitar, remedar. || Iringan no yan canac cagui. Imita, repite lo que yo he dicho: Panongiringan. Ejemplo.

Isi: Mear.

Isi-anan: Meadero.

Is-is: Azuzar, estimular a los perros.

Itob: Donativo, cupo.

Itom: Negro.

Itom itom: Moreno.

Itom-man: Negrura.

Itur: Detallar, contar, referir. || Tradición, historia. || Ituran ta si cona. Voy a enterarte.===Yan dacol matanom, doon itor pa cató. Los viejos conservan aun la tradición de eso: Yan itur ca bagobo timbang surat dan. Las tradiciones bagobas, son como escritos para ellos.

Iuá: Echar fuera, despedir, dejar.

Iyap: Contar, computar.

L

Laag: Vagar, andar huido, remontado.

Laag laag: Vago, hombre sin oficio ni ocupación.

Labat: Tabique.

Labay: Pasar adelante, rebasar: Maboc-cor quita, taradayong, ibo labayan ta yan bato. Esforcémonos bogadorres a fin de rebasar las piedras: Diri no labayan yan caganian co. No quieras tú ser más valiente que yo.

Labay labay: Pasar, correr de una parte a otra.

Lab-bas lab-bas: Jactarse, vanagloriarse.

Lab-bus: Nada absolutamente. Cuando un bagobo pregunta a su compañero, V. gr: ¿Doon manica no? ¿Tienes buyo? Si no tiene o no quiere darle, contesta. Lab-bus, adi. No tengo nada absolutamente.

Labi: Más. Este adverbio se usa mucho con den y con go, V. gr: Labi den. Labi go. Además, demasiado, especialmente. Alguna vez también se dice: Labi dán gó. Y entonces la afirmación tiene más fuerza.

Labi labi: Ensoberbecerse.

Labis: Rebosar. || Abundar con demasía.

Lablab: Cochino.

Labog: Acriminar.

Labog: Liendre.

Labog labog: Diarrea con pujos.

Labog-on: Liendroso.

Labolao: Contención.

Labot: Ano.

Labut: Entender alguno en alguna cosa, meterse, entrometerse en algún asunto: Diri pahilabutan no toy. No te metas en ese asunto.

Lacadac: Paralítico, impedido.

Lacad-dac: Angustia. || Ebullición. || Fermento, fermentar.

Lac-cob: Desvanecer.

Ladlad: Desenfadar.

Laga: Valor, precio, estimación: ¿Pira laga toy? ¿Cuanto vale eso?—Andá den laga canan. No vale nada eso.

Lag-gocon: Gula.

Lagpus: Apalear.

Laguibanban: Menta.

Laguinaoa: Respiración, aspiración.

Laguinot: Poco, poco a poco.

Lagui laguinot: Piano piano.

Lalang: Intrigar.

Lalao: Luto, llevar luto. Entre bagobos es señal de luto llevar camisa blanca.

Lalao-an: Manifestación de luto. Acostumbraran los bagobos poner lalao-an cuando muere alguno de sus parientes, o el principal de su ranchería. Es el lalao-an una especie de entredicho que ponen en la casa del difunto, o en la sementera, camino, fuente, etc. En este caso, el primero que sube a la casa del difunto, entra en la sementera, pasa por el camino, coge agua de la fuente, río, etc., en donde haya lalao-an, ese es el que debe pagar el sacrificado humano que hacen los bagobos antes de dejar su luto, debiendo ser sacrificado el mismo que ha sido cogido en el lalao-an, si no pone un esclavo en su lugar o el valor correspondiente.

Lalis: Contradecir.

Lalauadan: Muñeco, muñeca.

Laluadan: Coyunturas de los dedos.

Lama: Prevenirse, está preparado: Miglama den si candan. Ellos están prevenidos: Maglama quita. Prevengámonos. Andemos alerta. Como los bagobos del bosque siempre están con miedo de ser sorprendido; por sus contrarios, la palabra lama es entre ellos muy usada.

Lamag: Lagartija.

Lambo: Gordura: Malambo lambo den si cona. Te vas poniendo un poco gordo.

Lambo ca gatas: Crema.

Lamon: Tragar: Maborcor lumamon si candin, manan malomit lumomo. El come mucho, pero trabaja poco.

Lampas: Usurpar. || Embargar. Es costumbre muy general entre bagobos y demás tribus infieles del 4.º distrito de Mindanao, el hacer lampas a cualquier y por cualquier motivo e injustamente muchas veces, lo cual trae consigo represalias y muertes.

Lamud: Engullir, tragar aprisa y sin masticar.

Lamud ca tambana caoan: Eclipse. Explican así el eclipse, por que los bagobos y demás infieles de Mindanao en general, creen que sucede el eclipse porque un caimán se traiga o quiere tragarse, V. gr. es la Luna, si es eclipse de Luna, por lo cual es cosa de ver y oír el alboroto que meten en sus rancherías para infundir valor a la Luna y ahuyentar a la bestia que suponen está luchando para tragarla.

Lanab: Pleamar, marca alta. || Avenida.

Lanao, ranao: Estanque, laguna.

Lancob: Muesca.

Landasan: Yunque.

Langaganan: Celsitud, elevación.

Langagon: Excelso.

Langao: Mosca.

Langcon: Caer de bruces.

Lango: Emborracharse.

Lango lango: Estar calamocano.

Langon: Todo, todos. || Y langon manobo. Todos los hombres: Yan Dios ded mighimo ca langit, ca tana, ca al-lo, ca bolan, o ca langon langon. Dios solamente es quien ha creado los cielos, la tierra, el Sol, la Luna y todas las cosas.

Langit: Cielo. || Doton langit madigor y catago. En el cielo se encuentra el estado feliz.

Laniban: Arma blanca en general.

Lanit: Corteza. || Descortezar, desollar.

Lan-nan: Infiltrarse.

Lanos: Ajar. || Yan pamola malanos den. Las plantas se están secando, están mustias, ajadas.

Lansoc: Bujía, candela.

Lansona: Cebollas.

Lapa: Escaldar.

Lapinig: Avispa.

Lapid: Pieza, pliego. || Bale doa lapid y asag, o tolo lapid y labat. La casa que tiene piso doble y triple tabique. || Manobo y doa lapid yan ompac din. El hombre que lleva dos camisas.

Lapus: Traspasar, atravesar pared, tabla, papel, etc.

Las-sing: Balar, relinchar.

Las-som: Agriarse.

Lat-tagan: Travesaño.

Lat-to: Abolar. || Salto, cabriola.

Lat-togan: Lascivia.

Laua: Cuerpo en general.

Lauang: Penetrar el agua, aceite, etc. Calar, empaparse.

Lauayon: Ahíto, ahitar.

Laud: Golfo de mar, alta mar.

Laue: Ahitar.

Lauig: Anclar.

Lauig-anan: Ancladero, fondeadero, puerto.

Lauig-on: Ancla.

Layag: Vela.

Layang layang: Revolotear, volar.

Layoc: Lado, costado. || Acercarse al lado de otro, juntarse: Diri ca lomayoc canac. No te acerques a mi lado.

Layon: Seguido, continuo, sucesivo.

Lazso: Miembro viril.

Lecon: Enroscar.

Liad: Estirar, estirón.

Lias: Tacha, nota, defecto.

Liba: Teñir.

Libaan: Entenado, hijastro.

Libag: Zaherir, denigrar.

Libang: Izquierda.

Lib-bangan: Volcán.

Libod: Al rededor, rodear.

Libnod libod: Aislar, circuir. Andar al rededor.

Libon: Estafar.

Libro P.e: Libro.

Libuta: Barro.

Libuta-on: Lodazal, atolladero.

Licub: Detener, curcuir, encerrar.

Licup: Taladrar.

Lido: Necesidad, apuro, aflicción.

Ligad: Margen, orilla: Doton ligad midinog co toy. Jente de fuera me ha contado esto.

Lig-god: Apretar, estrechar.

Ligmate: Repentino.

Liguad: Palanca.

Liguid: Revolcarse.

Liguis: Moler.

Liguis-an: Molino.

Lile: Evitar.

Lilid: Yacer, estar horizontalmente.

Lilip: Moho.

Lilip-on: Mohoso.

Lima: Mano, cinco.

Limbag: Almoldar.

Limbas: Lima.

Limbong: Engañar.

Limocon: Ave de este nombre (Columba lincotis.). Tórtola que abunda en los bosques de Mindanao, y es sabroso bocado. Su canto es para los bagobos de buen o mal agüero, según las circunstancias que acompañan. Por ejemplo: Si el bagobo que va de camino oye cantar el limocon, lo primero que hace es pararse y observar lo que hay a su rededor. En este caso, si ve allí por casualidad algún animal herido o muerto, alguna culebra o algún otro bicho venenoso; o bien se le ofrece a la vista algún árbol caído o quemado, etc., es señal de que el Limocon con su canto le participa que si continua su camino, la suerte que le espera es la del árbol caído, la del animal muerto, etc. y vuelve entonces atrás, diciendo que madat y limocon. Hoy, dice, tengo mal limocon: otro día veremos. Si al cantar el limocon no ve señales de mal agüero entonces, dice, madigor y limocon: Tiene buen limocon, y prosigue su camino: También dicen tener buen o mal limocon aunque no cante dicho pájaro, si les sucede algún caso cuyas circunstancias de por sí sean bastante significativas para ellos. Así por ejemplo, si cuando el bagobo iba a salir de casa para emprender algún viaje, se rompe por casualidad un plato, tiene señal evidente de mal limocon; y no emprende ya viaje alguno por entonces. Si yendo del camino coge con el perro algún cerdo montés o venado, es señal de que obtendrá lo que pretende, y con tan buen limocon prosigue contento su camino. Mas, si lejos de coger el venado o cerdo montes tras el cual ha corrido su perro, ha sido, como sucede a veces, herido el perro por el cerdo, entonces no prosigue ya su camino, porque teme no le suceda lo que a su perro.

Limod: Agolparse, juntarse, reunirse.

Limod-anan: Reunión, asamblea.

Limod-dang: Acobardarse, temer.

Linao, lino: Bonanza, abonanzar, sosegar, pacificar.

Lincuod: Arrodillarse.

Lingal: Alambre.

Lingao, lingo: Olvidar, trascordarse.

Lingo: Domingo, día dedicado al Señor: Lingo lingo sumimba co. Todos los domingos asistid a misa.

Linimbas: Limadura.

Linimbus: Vestido rojo propio de bagobos que en del monte hacen ostentación de valientes y matones.

Linipong: Escudilla.

Linit: Aportillar.

Linog: Temblor.

Linonang: Pasta.

Linsub-bong: Pecina.

Linton: Entremeter.

Lioas: Mico. || Nombre vulgar.

Lioat: Sucesión, generación. || Casta, especie.

Lioati: Lombriz de tierra.

Lioit: Corteza, descortezar.

Lipanog: Sangre.

Lipat: Bisojo, que tuerce la vista.

Lipatong: Amodorrarse: Y milipatong-an ca olo. El que está vertiginoso.

Lipot: Detener, encerrar.

Lipot-anan: Encierro, cárcel.

Lisa: Descoyuntar.

Lisag: Repicar.

Lislis: Arremangarse.

Liso: Grano, semilla de la mies, fruta, etc.

Litub: Almeja.

Loa: Fuera: Dadan ta loá. Exteriormente.

Loag: Aflojar, ensanchar. || Ámbito.

Loas: Libertar.

Lobas: Despojar, desnudar.

Lob-bog: Enturbiar.

Lobid: Soga, cuerda.

Lobid y tal-lo dorog, lo lapid: Trenza.

Loblob: Atascarse.

Locad: Caer árbol, casa, etc. Tumbar, rodar por tierra.

Loc-ca: Despertar.

Locut: Doblar, arrollar.

Log-ga: Cocinar.

Log-gud: Afanarse.

Logsacan: Almirez.

Lóha: Mellizo.

Lohá: Lágrima.

Loling: Plumaje, diadema.

Lol-lo: Lavarse.

Lol-lo-anan: Aguamanil.

Loló: Untar, ungir.

Lolo: Dolor, arrepentimiento.

Lolob: Libar.

Lolod: Espinilla, parte anterior de la pierna.

Lolon: Arrollar.

Lolotan: Cordón.

Lomayan: Hechicero.

Lomba: Toñina.

Lom-mi: Hechizar.

Lom-mos: Mojar, mojarse, empaparse.

Lomo: Trabajo, trabajar: Taralomo. Trabajador

Lomoc: Blando, reblandecer.

Lonag: Moler.

Lonag-anan: Molino.

Longat: Desencajar.

Long-nga: Aflojar, desasir.

Looc: Seno. La parte de mar que se recoge entre dos puntas o cabos de tierra. || Hueco. Concavidad.

Loos: Afinar, perfeccionar, purificar los metales.

Lopao: Calvo, encalvecer.

Lopi: Doblar.

Lop-po: Coco. Palmera de este nombre que regularmente da unas cien frutas al año. Es una planta de tanta utilidad y provecho, que parece ha querido Dios regalar a los indios especialmente con ella.

Loran: Olla grande.

Losay: Glándulas.

Los-sing: Balar, relinchar.

Los-song: Mortero.

Los-sot: Presentarse: Ca domatong yan Pare, lomos-sot si cona. Al llegar el Padre, te presentarás.

Lotcat: Desempeñar, sacar o recobrar la cosa empeñada, pagando la cantidad estipulada.

Lothang: Fusil.

Lothang lothang: Tirotear.

Lothao: Boyar.

Loto: Cocer.

Loto-anan: Cocina.

Lotsot: Sieso.

Lot-tac: Estallar, hender, hendidura.

Luba luba: Bambolear.

Lubas: Desnudarse.

Lub-bag: Bulto, hinchazón.

Lub-bong: Enterrar.

Lub-bong-anan: Cementerio.

Lub-bus: Gloriarse.

Lubos: Mero, puro, simple.

Lucad: Caer árbol, casa, etc.

Lucqui lucqui: Desperezarze.

Lugas: Grano.

Lugat: Cansarse: Andá ca lugati, andá micalugat. No se ha cansado.

Lugus: Obligar, forzar.

Lulias: Oropéndola.

Lumbia: Especie de palma muy util.

Lumpac: Atacar.

Lunud: Cejar, volver atras.

Lupac: Callo.

Lutac: Cascar, quebrantar.

Luton: Mico, mono.

Lut-to: Asaltar.

Luya: Jengibre.

M

Ma: Partícula que antepuesta a algunas raíces abstractas, las hace nombres adjetivos, V.gr., basa, laga, boc-cor. Respeto, precio, vigor. Mabasa, malaga, maboc-cor. Respetuoso, precioso, vigoroso. También se usa de ordinario antepuesta a verbos en tiempo futuro, haciendolos intransitivos. V.gr. Gob-bo, lo-cad. Quemar, caer. Magob-bo, malocad. Se quemará, se caerá.

Ma-baba: Bajo.

Ma-bal-lo: Aromático.

Ma-basa: Atento, deferente.

Ma-bantog: Ilustre, famoso.

Ma-bod-dos: Preñado, da. Se dice de cualquier hembra que ha concebido y tiene la criatura en el vientre. Se dice también figuradamente del palay cuando está granando, y de otras semillas, lo mismo que de las nubeds hinchadas o cargadas de agua.

Ma-boyoc: Flexible.

Ma-bolag: Rubio.

Maca: Partícula que alguna vez se usa antepuesta a la raíz dándole terminación futura, y afirmando que puede hace lo que el verbo significa. V.gr. pano, andar: Si cona macapano den. Tú podrás andar ya.

Maca-dayo: Letificante, lo que alegra.

Macan: Alimento.

Macatol: Picante, molésto. ‖ Sarna, picazón.

Ma-corang: Atolondrado.

Ma-dolom: Hondo, profundo.

Madat: Malo, aleve.

Mad-dos: Escozor.

Mad-digor: Bien, bueno.

Madio: Lejos.

Madita: Muchos. ‖ Abundar.

Ma-dol-la-an: Portentoso, admirable.

Madoya: Pastel.

Magan: Leve, ligero.

Magani: Valiente, sanguinario, bárbaro.

Magasa: Delgado, flaco, macilento.

Magay: Pita.

Mag-garagar: Paciencia.

Mag-gor: Sufrir, tolerar, padecer resignado.

Maguinbata: Rejuvenecer.

Maguindanao: Moro de Mindanao.

Maguintóo: Creer, dar crédito.

Magsosoli: Remunerador, premiador.

Ma-ilo: Emponzoñador, envenenador.

Ma-ipa: Avispado, vivo, suspicaz.

Malaan: Mezquino.

Ma-laga: Caro, precioso.

Ma-lambo: Gordo, corpulento. || Mantecoso.

Malayat: Alto, largo.

Malicobang: Ancho, espacioso.

Ma-ligmat: Adelantado.

Mal-laqui: Joven, soltero.

Mal-lo: Alisar.

Mal-long: Sombrío.

Ma-long-an: Ídem. Lugar melancólico, triste.

Mal-loto: Encarnado, colorado, rubio.

Mal-lo mal-loto: Bermejo.

Ma-log-god: Activo, diligente, estudioso.

Ma-lomet: Achacoso, débil, enfermizo.

Ma-lomoc: Blando, fácil.

Ma-lon-nao: Verde, lozano, frondoso.

Ma-loos: Pulido, remilgado.

Ma-los-sot al-lo: Mediodía.

Ma-lopig: Perjudicial.

Mallag: Querer.

Mama: Hombre, varón. También se dice de los animales varones, V.gr. para decir caballo, se dice: Cuda mama. Perro: Aso mama, etc.

Mamá: Mascar buyo con la bonga, cal y tabaco: Mag-mama quita, adi. Vamos a mascar, amigo.

Mama-on: Bonga, fruta de la palma llamada palma de la bonga, la cual suelen los indios mascar con el buyo, después de haberla partido en dos o tres pedazos, y puesto un poco de cal en la parte tierna y cóncava de pedacito que mascan.

Mam-mis: Dulce.

Manama: El segundo nombre que los bagobos dan a la Divinidad.

Manan: Pero, como.

Manan?—¿Porque?

Ma-nanam: Apetitoso.

Mananandan: Arrendatario.

Mananap: Animal, bestia.

Mananap y migosong: Reptil.

Managit: Albahaca.

Manaol: Aguila.

Manda?—¿Adónde?—Manda ca? ¿A dónde vas?

Manga: Partícula, artículo para plural.

Mangad: Alaja, joya. || Comercio de telas.

Mangad-on: Hombre rico, que tiene joyas, telas, etc.

Mangadoy: Oloroso.

Mangagao: Adúltero. El que quita la mujer de su projimo. || El que se apodera de lo que no es suyo.

Mangangayao: Aguerrido, guerrero.

Mangayao: Guerra.

Mangitom: Oscurecerse. || Eclipse, oscuridad.

Mangit-tong: Tenebroso, oscuro.

Mangongolin: Piloto, timonel.

Mangongubad: Traductor.

Manica: Buyo o betel, cuya hoja mascan los bagobos y la mayor parte de los indios.

Maninipit: Alacrán.

Ma-nipis: Delgado, fino.

Manla-lagoy: Arisco, desertor.

Manobo: Hombre: Manobo y andá caroan. Hombre vago, inútil. Manobo taoang. Pobre.

Manoc: Ave en general.

Manoc lomansad: Gallo.

Manoc marong: Gallina.

Manonocot: Cobrador.

Mansili: Vibora, culebra.

Mante: Vivir, sobrevivir.

Manto: Nuevo.

Mao: Hediondo.

Ma-pait: Amargo.

Ma-paos: Ronco, sin voz.

Ma-paoa: Vistoso, claro.

Ma-pod-di: Emponzoñador. || Escosor.

Mapon: Tarde: Bani mapon. Ayer tarde

Ma-pos-Sol: Digesto.

Maquedo: Miserable.

Marag: Todo: Marag tollan. Puro hueso, todo hueso.

Ma-rano y guinoa: Triste.

Ma-rapas rapas: Altercador, porfiado.

Marapong: Infecundo.

Mararag: Amarillo.

Mararag rarag: Amarillento.

Mararan: Mil. || Sab-bad mararan. Un mil, millar.

Maras: Picante: Maras y vino toy. Ese vino es picante, fuerte.

Marentag: Pequeño, poco.

Maribo: Diez mil.

Ma-ripa: Asqueroso, sucio.

Maro-biring: Bola, esfera.

Marogang: Corona triunfal.

Maromicot: Gargajo. || Cosa espesa.

Marom-mon: Mudo.

Maron na: Aspero.

Masalig-gut: Angosto.

Ma-sarig: Fuerte, válido, de confianza.

Masin: Salado.

Maripogcot: Pituita.

Ma-son-nang: Brillante, luminoso.

Mas-som: Vinagre, ágrio.

Mata: Ojo.

Matabog: Obeso.

Ma-tacao, ma-taco: Ladrón.

Ma-tana-an: Malicioso.

Matan-nob: Honestidad.

Matanom: Monarca, principal, jefe.

Matanom-man: Superioridad, jefatura.

Mate: Morir.

Ma-tiao: Diáfano.

Matibolo: Orbe.

Matig: Partícula que suele anteponerse a la raíz para significar que el sugeto de quien se habla es diestro o versado en aquello que significa la raíz, V. gr: Matig bono. Asesino. || Matig lampas. Embargador: Matig quita ca sala. Pecador.

Matigmat: Repentinamente.

Ma-tigmos: Callado.

Matig-nogog: Obediente.

Matig-ola: Malgastador, prodigo.

Matig-silom: Buzo.

Matig-tignoro: Maestro. || Directorcillo.

Ma-togol: Renitente.

Matongtong: Cierto, verdaderamene.

Ma-torog-on: Dormilón.

Ma-totoc: Manso.

Ma-tuid: Recto, justo. || Virtuoso.

Mayag: Patente, manifiesto, vistoso.

Meila: Adusto, cimarrón.

Melo: Prematuro, verde. || Inocente: Diri co macan y melo booy. No puedo yo comer la fruta verde. || Batasan ca bagobo, tag-magan y hose ca melo manobo. Es costumbre entre bagobos, admitir el arreglo o sentencia de un hombre imparcial.

Mepiraan?—¿Cuando?

Me-tonton: Vertical.

Miliad: Corvo.

Mina-ibog-an: Antojadizo.

Mina-ido-an: Misericordioso.

Minailo: Huerfano.

Minallag-an: Privado, querido.

Minanga: Perezoso, tardo, lento.

Minate: Muerto.

Mingco: Gato.

Minod-do-an: Vecino.

Minol-los: Secretamente, en sigilo.

Mi-pal-li-an: Réprobo.

Mi-rod-dog: Podrido.

Misa P.e: Misa. El Santo Sacrificio del altar.

Mismis: Méyar el gato.

Misquinan: Pobre. || Pobremente.

Mi-tid-das: Parasismo, patatús.

Mitom: Negro.

Mi-tipon: Total.

Mod-do: Vivir, habitar.

Mogton: Alcanzar.

Molog molog: Babieca.

Momol: Encias.

Mona pa: Antecedentemente.

N

Na: Interjección con que se aviva el discurso, y se excita la atención del que escucha. Se usa ordinariamente después de haber expuesto algunas razónes, al terminar un periodo largo, para hacer pausa y llamar al mismo tiempo la atención del auditorio en favor de lo que falta que decir. Como se dijera: Ea, ea pues, así pues. Na.: Domatong den yan Pare manto. Madinog nio yan candin palenta: dire mapacay ca diri somancop canan pappang bagobo. Ea. Llegó ya el Padre nuevo. Habeis oido sus órdenes: No pueden menos de asentir los bagobos todos. || De esta interjección se usa también mucho cuando se quiere convencer a alguno que acaba de resolverse, V.gr. Coman ca, le dicen a uno que casualmente se encuentra en una casa en donde estar preparada la comida. Ven aquí y come tu también, le dicen los bagobos amigos y hospitalarios. Dini ca, comanca den. Ná, naá...a, prolongando el na hasta que se decide a comer el invitado.

Nana: Pus, podre.

Nanam: Sabor, gusto.

Nanaoi: Cuchillo que usan los bagobos de 4.o distrito de mindanao para limpiar bejuco, partir la bonga, etc. || Naoi-an co yan balagon. Limpiaré el bejuco.

Nangoy: Nadar.

Nasnas: Estregar.

Nati: Torete, potro.

Nayad: Acostumbrar.

Nayad nayad: Alagar, atraer.

Nayon: Continuar.

Ngadan: Nombre, nombrar.

Ngadoc: Olor, aroma.

Ngingi: Baba, esputo, pituita.

Ngipon: Diente.

Ngisi: Reir.

Ngisi ngisi: Sonreirse.

Ngolog: Bobo, hombre de corto entendimiento.

Ngolog ngolog: Botarate, maniático.

Nico: Para ti, a ti, contigo.

Nicsay: Hundir.

Nida: Abejar.

Nilam: Aparejarse, prepararse: Mangilam
ca. Anda tu con cuidado, prepárate.

Nina: Pus, apostema, pódre de las llagas.

Nipis: Adelgazar.

Nisado: Aguardiente.

Nob-bac: Precipitarse.

Nonga: Digno, justo, cabal.

Nong-nogan: Juicio, razón.

Nong-nong: Pensar, discurrir.

Nong-nong-an: Prudente, avisado.

Nonog: Obedecer.

O

O: Y. Conjunción.

Oac: Cuervo.

Oad-día: Acero.

Oaig: Agua.

Oaig-an: Aguado. || Tierra anegadiza, encharcada.

Oalo: Ocho.

Oao: Sed.

Obad: Aspar.

Obad-an: Aspa.

Oban: Canas.

Oban-on: Canoso.

Obao: Blanquecino.

Obat: Pólvora.

Ob-bac: Precipitar.

Ob-be: Pavesa.

Ob-be ob-be: Chispear.

Ob-bog: Pars verenda.

Ob-bol: Humo.

Ob-bol y guinaoa no: Como qieras, tu cuidado.

Ob-bol-an: Chimenea.

Ob-bos: Cogollo. || Ramo.

Obdang: Acometer.

Obo: Tos, toser.

Obod: Palmito, cogollo de palma, bejuco, etc.

Obol: Transpirar.

Ocar: Desdoblar.

Oc-cod: Carne, pulpa.

Oc-cod-on: Carnoso, pulposo.

Ocor: Mensurar.

Odan: Lluvia, llover.

Odan, odan: Lloviznar.

Od-dap: Vapor, vaho.

Od-ding: Acercarse, pasar, visitar de paso algún lugar o persona.

Od-ding-anan: Corredor, pasadillo.

Od-ding od-ding: Huésped.

Od-do: Habitar: Mod-do ca. Estate quieto, vive tranquilo.

Od-do-an: Casa, habitación.

Ogam: Haba. || Sarro.

Ogan: Verso, alegoría.

Ogang: Yerno. || Suegro.

Ogat: Artería.

Ogca: Desdentado.

Og-got: Apretar.

Og-guet: Ropa, vestido.

Ogo: Hé. Interjecction que sirve para llamar la atención de alguno.

Ogpo: Punta. || Finítimo, confinante.

Oguis: Blanco.

Oigoig: Vaivén.

Ola: Desparramar, malgastar.

Olang: Estorbar.

Olanib: Carey.

Olasiman: Verdolaga.

Olad olad: Lisonja.

Olat: Cicatrizar, enromar.

Oli: Devolver, restituir. || Volver al lugar de donde se salió.

Olin: Popa.

Olit: Contar, aclarar.

Olit-on: Cuento, adagio.

Ol-lao: Vocear, desgañitarse.

Ol-lon: Cincha.

Ol-los: Callar, guardar el secreto. || Esconder, emboscar.

Ol-los-anan: Asilo, escondrijo, lugar apropósito para tener escondida o guardada una cosa.

Ol-lot: Prohibir, impedir, vedar.

Ol-lot-an: Linde: Ol-lot-an ta dalan. Apeo.

Olo: Cabeza, extremidad.

Olod: Gusano.

Olohan: Cabecera.

Olon: Melenudo.

Olonan: Almohada, almohadón.

Oman: Repetir, redoblar.

Omang: Caracol de tierra.

Ombo: Asomarse.

Omed: Doblegar, inclinar.

Oming: Cocinar.

Oming-anan: Cocina.

Om-may-an: Arrozal, sementera de palay.

Om-me: Palay, arroz cáscara.

Om-mo: Enronquecer, ronquera.

Ompac: Camisa.

Ompad: Abortar.

Ona: Adelantar, ir delante.

Onang: Evaporarse, exhalar.

Onao: Sagú, harina de burí.

Onaoa: Igual.

Onat: Desplegar, extender.

Onat onat: Elasticidad.

Onayan: Principio, esencia.

Ongag: Lechuza.

On-na: No, no es así, no es eso.

On-nag ca oaig: Raudal, copia de agua que corre rápidamente.

On-nao: Desvelar, impedir el sueño.

On-ngat: Sedición, asonada, insurrección.

Onos: Chubasco.

Onsad: Sentarse.

Onsad-anan: Asiento, silla, banco.

Ontog: Sangria.

Ontong: Utilidad, provecho.

Oo: Si, adv. afirmativo.

Opo: Devoción, fervor.

Opo-on: Devoto, fevoroso.

Op-pag: Tabla.

Op-pi: Desgajar.

Op-pis: Deshinchar.

Op-po op-po: Respingo, salto.

Op-poy: Aspid.

Oquit: Pasar.

Oquit-anan: Paso, camino.

Orang: Explorar.

Oras: Lavar.

Oras-anan: Batea, palangana.

Orer: Racimo.

Oring: Carbón.

Oroc: Desgana, desmayo. || Tedio.

Orom: Sátira, satirizar.

Orop: Boquear.

Osa: Venado.

Osig: Enemigo, émulo.

Osob: Sondar, sondear.

Osong: Rempujar.

Osoy: Juego, diversion.

Os-sa: Diferencia.

Os-sob: Bajar del cielo, de lo alto.

Os-sod: Desembrazar.

Otap: Peligrar.

Otas: Acabarse.

Otic: Manipular, mezclarse en cosas estrañas.

Otip: Bulla, gritería de muchas personas. || Canto, coro.

Otip otip: Cántico.

Otoc: Médula.

Ot-tot: Ventosidad, ventosear.

Oual: Prensar, bruñir las telas.

Oal-ling oal-ling: Nombre de una especie de parásita que abunda en tierra de bagobos y es muy apreciada por sus hermosas flores.

Ouari: Lechuza.

P

Pa: Adv. de modo y de tiempo. Aun. Todavia: Diri pa. Aún no: Andá pa datong yan Pare. Todavía no ha llegado el Padre. || Antepuesta la partícula pa a nombres de lugares, significa caminar, dirigirse hacia ellos. V. gr: Padávao si candin. El se dirige a Dávao: Palanguit quitá. Nosotros dirigimos al cielo. || Antepuesta así mismo a verbos significa querer, permitir se efectue en el sujeto lo que dice la raíz, V. gr: Paampo si candan. Desean ellos que les supliquen: Patinoro si quio. Procurad aprender, procurad vosotros que os enseñen.

Páa: Pié.

Pa-ayag: Ostentar.

Pa-baba: Abajarse, humillarse.

Pa-bayá: Concession, permiso.

Pa-boc-cor: Corroborar.

Pa-boláo: Provocar, exicitar, irritar.

Pa-bol-log: Decidir.

Pabongan-an: Montaña, cordillera.

Pa-callague: Desposar.

Pa-camati: Pugilato, contender a puñetazos.

Pacan: Alimentar, dar de comer, apacentar.

Pacas: Rasgar, rotura de vestido.

Pacay: Poder: Mapacay. Puede ser: Diri mapacay. No puede ser: Andá capacay. No puede ser.

Pac-co: Corvo, encorvar.

Paco: Asa.

Pacot: Cochino.

Pacoy: Mazo, macear.

Pacpac: Cuña.

Pactom: Detraer, apartar, una cosa de otra.

Pacut: Abotonar.

Pa-dadorong: Presunción en al andar, cortonearse.

Pa-dani: Acercarse.

Pa-dap-pandap-pan: Adornar.

Padat: Malearse, vejar.

Pa-datas: Elevarse.

Pa-datas datas: Altivéz, orgullo.

Paden: Esta palabra tan frecuentemente usada, está compuesta de los adverbios pa y den. Equivale al paman y panaman de bisayas y tagalogs. Aún, todavía, también.

Pa-diae: Separar, apartar.

Padigos: Bañarse, tomar baños: Padigos ca páa. Pediluvio.

Pa-digos-anan: Baño, lugar para bañarse.

Padita: Multiplicar. || Concurrir muchos.

Pa-dodorong: Presumido.

Padong: Desorejar, desorejado.

Pa-dongon: Apagar, apagarse.

Pa-dorong dorong: Ataviarse.

Pa-doc-cot: Pegar, encolar, juntar, espesar.

Padpad: Destrucción.

Paga: Desván.

Pagais: Alarido, gritería.

Pagaoang: Adivinar.

Pag-gor: Hebilla.

Pagnis: Descortezar.

Pagodan-nan: Sea lo que quiera, cualquier cosa, cualquiera.

Pa-gon-nao: Refrescar, refrigerarse.

Pa-hayag: Manifestar, ostentar, explanar.

Pa-iman: Oferta, exvoto, esperanza.

Palacpac: Matraca.

Palad: Fortuna, ventura.

Palad ca lima: Palma de la mano.

Palad ca páa: Palma del pié.

Pa-lagoy: Corrér.

Palalao: Enlutar.

Palanda: Pito.

Palandag: Copo de algodón.

Palandig: Paliar, indicar, disimuladamente.

Palandig-an: Estribillo.

Palas: Dragón.

Pa-layoc, palayoque: El acto de juntarse el marido y la mujer.

Palenta: Orden, disposición, mandato.

Paligoma: Cuchillo, arma blanca.

Palin: Mudarse, cambiarse.

Pal-la: Emplazar, aplazar.

Pal-li: Predestinar, elegir.

Pal-lot: Desenvainar, arrancar.

Palo: Talón. || Coz. || Palo ca páa, muslo.

Pa-loá: Excluir, echar fuera.

Pa-lomoc: Reblandecer. || Causar lenitivo.

Palongat: Conjuración.

Pa-lon-nao: Reverdecer.

Pamad-dang: Maleficio, veneno.

Pamalii: Natura.

Pa-mal-li: Entresacar, escojer.

Pamaloye: Sobrino.

Pamanga: Manejo, diligencia en buscar lo necesario para la vida.

Paman-nod: Calambre, hormigueo. || Convulsión, contracción.

Pamansa: Blasón.

Pamansag: Apellido.

Pamansob: Adivinar.

Pa-mantac: Bravear.

Pamao: Subversivo.

Pamapaan: Encumbrado, elevado.

Pamapaan-an: Eminencia, magestad.

Pamarang: Arracadas, pendientes.

Pa-marange: Navegar.

Pamasac: Buscar.

Pa-masoso: Nacer, encarnarse. || Parir.

Pa-matae: Batallar, pelearse.

Pamasonga: Bufar.

Pamato: Marca, señal, presagio.

Pamerensa: Aplanchar.

Pa-minog: Atender, oír.

Pa-mirocpiroc: Prestañear.

Pamitoran: Mandil.

Pa-moang: Chiflar.

Pa-mog-gue: Dar, contribuir.

Pamola: Planta.

Pamola-an: Plantación, hacienda.

Pamon-nos: Verruga.

Pamonsan-ngan: Vituperio.

Pa-mubbo: Barrena, barreno.

Pa-muti: Erupción.

Pamutod: Inocular.

Pamoyo: Pedir.

Pana: Saeta.

Panacorab: Sacudir, sacudida.

Panaga: Destral, hacha.

Panagaso: Cazar con perros.

Panait: Saltar.

Panalampo: Ironía.

Panamboco: Abotonar.

Pa-nayad: Domar.

Panayo: Colmillo.

Panayo-an: Colmillar, que pertenece a los comillos.

Pa-nayon: Subsistir.

Pa-nayon-an: Confinar.

Pancag: Aguijonear.

Panday, pande: Hábil, artista.

Panday-an: Taller, laboratorio.

Pandi pandi: Bandera.

Pandil pandil: Laurel.

Pandol: Tropezar.

Pandongan: Cresta.

Panetayan: Puente.

Panga: Rama.

Pangadan: Nombre, nombrar.

Pangadi: Rezar.

Pangadoy: Quejarse.

Pangalaga: Apreciar.

Pangalap: Manejo. || Buscar con diligencía lo necesario para la vida.

Pangalig: Yugo.

Pangal-li: Pelotera, rifa contienda entre mujeres.

Pangalong: Empantanado.

Pangalongan: Espejo.

Pangamay: Arañar.

Pangangali: Porfiar.

Panganito: Agorar, prognosticar, adivinar cosas futuras por la vana observación.

Pangao: Cepo.

Pangarab: Patrullar, rondar el lugar.

Pangarad: Desflemar, expectorar.

Pangasaoa: Casarse.

Pangatian: Caudal.

Pangido: Lanza.

Pangihap: Bostezar.

Pangilimog: Enjuagar.

Pangimate: Batallar.

Pangimon-nal: Creencia, fé.

Panginpolós: Servir.

Pangintobongan: Hombro.

Pangirong: Relampaguear.

Pangolabe: Abalorio.

Pangolapas: Contravención.

Pangolapong: Cresta.

Pangolinton: Audacia.

Pangolo: Entre bagobos y otras tribus infieles del 4.o Distrito de Mindanao, son los platos moneda corriente y muy apreciada. Cada cien platos pequeños y ordinarios suelen tener también diez pangolos. De manera que a cada diez platos acompaña ordinariamente un pangolo. Hay pangalos de un peso y de menos valor, los cuales se llaman: pangalo mabogat, o pangalo masaquit. Los pangalos pueden ser una lanza, un bolo, una hacha, una camisa, una petaquia, un plato grande y precioso, cuatro varas de tela buena, etc.

Pangolog: Tontear.

Pangonlo: Bala.

Pangoraraan: Ventana.

Pangoros: Persignarse.

Pangorot: Ahogarse.

Pangpang: Peñasco.

Pangpang-on: Peñascoso.

Panilol: Transitar, viajar.

Panil-long: Sumisión.

Panid: Ala.

Paninsing: Anillo.

Paniong: Alabanz. || Rezar, orar.

Panlom-mi: Hechizo.

Pan-no: Colmar, llenar.

Pano: Andar.

Pano pano: Pasear.

Panom-bale: Visitar.

Panomdom: Pensar, recordar.

Panon: Manada, rebaño.

Panonquirat: Guiñar.

Panong-iring-an: Ejemplo, modelo.

Panonsong ca caramag: Levante.

Panoro: Enseñar, adiestrar.

Panot: Calvo.

Panparon-na: Entretener.

Pansal: Clavo, clavar.

Panuyo: Enfurecerse, suicidarse.

Pantig: Cojo, cojera.

Pantig pantig: Cojear.

Pantoc: Abreviar.

Pantong: Vejiga.

Paoa: Desmonte, desmontar. || Sementera.

Pa-obol, pabol-lan: Perfumar.

Pa-obol obol: Tolerablemente.

Paod: Condescender.

Paoican: Tortuga.

Pa-onaoaye: Emparejar. || Embate.

Paopo: Lindante.

Paos: Ronquera.

Pa-os-sa: Diferenciar, desfigurar.

Pa-os-sa os-sa: Variedad.

Pa-os-sa ca mama, pa-os-sa ca bay: Sexo.

Paos-si: Urbanidad. || Privar, protejer.

Paos-si-an: Privado, protejido.

Papas: Borrar.

Papatan: Lanzadera.

Pa-patad ca tana: Traillar.

Papel P.e: Papel.

Pa-postae: Apostar, hacer apuestas.

Pap-pang: Todo, todos: Ca domatong den yan camatayan, pap-pang manobo mallag tabangan ca Dios. Cuando llega la muerte, todos los hombres quieren ser amparados por Dios.

Pa-posaca: Dignación.

Paquelo: Veneno.

Paqui: Partícula que antepuesta a algunas raíces, significa que el sujeto busca lo que raíz significa. V. gr: Paquitado que. Nosotros vamos en busca de cera.

Paquipot: Latir.

Parabanog: Jarcia.

Parabini-an: Semillero.

Parabiring: Redondear.

Parac parac: Obstruir.

Parang: Piedra pómez.

Parangan: Sofocar.

Parao: Enronquecer.

Pararaque: Privanza, privar.

Parayat: Castigar, martirizar.

Parayat rayat: Mortificar.

Pare: Sacerdote, P. misionero.

Parentag: Disminuír.

Parete: Enano.

Parincot: Mecha.

Parimponge: Entrejuntar.

Parocot: Encender.

Parod-di: Licuar, licuefacción.

Pa-rogrog: Encender, inflamar.

Parom-mas: Sembrar.

Pa-rompaque: Combatir.

Parong: Magullar.

Paros: Madeja.

Parpar: Párpado.

Paruguir: Morisqueta.

Parup-pay: Acorde, igual.

Pasabon-nal: Acreditar.

Pasagad: Perdonar.

Pasagad sagad: Como quiera. || Perdón.

Pa-sala: Multar.

Pa-salin salin: Ir escojiendo, tomando una y dejando otra.

Pa-saya saya: Ataviar, adornar, atavío.

Pasco: Fiesta de la Pascua.

Pa-sicad: Apresurar.

Pasi-dálom: Esconder, resguardar.

Pasig: Forrar.

Pa-sil-la: Barnizar, dar brillo.

Pa-silom-me: Sumergirse.

Pa-simbacot: Apresurar.

Pasiri: Bribar.

Pasiri-an: Criba.

Pa-soay: Despartir, separar.

Pa-sob-badí: Coligar, unir.

Pasoc-cay: Trotar, ir al trote.

Pa-socsocque: Énfilar.

Pa-sod-dor: Enterar. || Indagar.

Pa-soli solii: Reciprocamente.

Pa-soli-ay: Reciprocidad.

Pa-Sol-log: Ostentar.

Pa-somari: Encontrar, salir al encuentro.

Pasongat: Sonadera, sonarse las narices.

Pa-son-nag: Atizar el fuego, la luz, la llama.

Pa-sontoque: Pugilato, darse de puñetazos.

Pasosoque: Andana, orden, colocación de ciertas cosas.

Paspas: Amoscar.

Pa-soco-ay: Zipizape.

Pas-sic: Lloviznar.

Pas-sot: Desclavar.

Pusucubé: Contrato, convenio, acuerdo.

Pa-tabang: Acogerse.

Patag: Llano.

Pa-tagam: Adiestrar.

Pa-tagami: Tratar amistosamente.

Patagtagui: Alinear.

Patambul-li: Enlazar.

Patanud: Despertar.

Pataoan: Impresión.

Pa-tapuri: Postergar.

Pa-teytey: Escalar.

Patig: Cuño.

Patiocan: Abeja.

Pa-tipone: Acumular.

Pa-tobange: Confrontar.

Pa-tonco-ay: Disertar, hablar, conversar.

Pa-toncoe: Sesión, disertación.

Pa-toyoe: Combatir, reñir.

Pa-tubo: Aumentar, crecer.

Payad: Cecina, acecinar.

Payas: Predicar, platicar.

Payaya: Afrentar, avergonzar.

Payocyoc: Invitar, invitación.

Payong: Paraguas.

Penec: Subir, acender. || Trepar.

Penit: Azafate. || Cestillo.

Petaquia: Cajita de metal, en donde los bagobos suelen llevar lo necesario para mascar, como buyo, tabaco y cal.

Pete: Asco.

Pia: Arreglar.

Piac: Pichón, pollito.

Piid: Llevar: Piid ca cagui. Chismear.

Pindang: Cecina, acecinar.

Pingan: Plato.

Pingan dácol: Plato grande. Lo que mandan los bagobos a la persona agraviada, para manifestar que no quieren reñir, sino arreglar pacificamente la cuestión, de que se trata.

Pingas: Mellar.

Pinol-li: Selecto.

Pinoti: Canasto pequeño.

Pipit ca casócot: Menudear, repitir la petición.

Pip-pi: Lavar.

Pip-pi-anan: Lavadero.

Pira: Cuánto? cuántos?

Piraan: Cuándo?

Pirit: Obligar.

Piroc ca mata: Pestañear, abrir y cerrar los ojos.

Pisac: Cieno.

Pisang: Pedazo.

Pispis: Pichón, pollito.

Pista: Fiesta. || Convite.

Pitas: Casar.

Poc-cang: Escalera que se hace en las palmas para subir a ellas.

Poc-cas: Deshacer, desligar, desleir.

Poc-cas ca olo: Desmelenar, desgreñar.

Poclas: Destejer.

Poco: Cuchillogrande como machete que usan los bagobos en sus trabajos.

Pocpoc: Pelotazo.

Pocsan: Colmar.

Pod-dong: Guiñar.

Pogaoang: Vaticinio.

Pog-ga: Estrujar.

Pogsa: Grano, hinchazón, apostema.

Pola: Palma de este nombre.

Polao: Desvelo. || Delirio.

Polaon: Dormilón.

Pol-la: Sobaco.

Pol-lay ca cabasan: Erizo.

Poloc: Necesitar.

Ponas: Limpiar.

Ponas-an: Toalla.

Pongag: Desnarigado.

Pong-nga: Fenecer, terminar.

Pongos: Gangoso.

Pon-nas: Epidemia, mal que acomete y mata a muchos.

Pon-ni pon-ni-an: Corvo de piernas.

Pon-noc: Acomodar.

Ponsadan: Quilla de los barcos, base.

Poponas: Servilleta.

Pontud: Collado.

Pop-pong: Tintero.

Popó: Torre.

Popot ca oaig: Verdín.

Poqui: Abrir.

Poro: Isla: Tagaporo. Isleño.

Poroe: Coronilla de la cabeza.

Posaca: Amar. || Cosa amada: Posaca-an co yan agom no. De tu agom haré mi posaca: Esto es, no lo venderé. Toy paligoma, posaca pa ni apo co. Esa arma es todavía posaca de mi abuelo: Diri co boggue ini al-lang, so posaca co man. No quiero darle este esclavo, porque es mi posaca.

Poso ca paa: Tibia.

Posong: Corazón.

Posong posongan: Hombre de corazón, valeroso.

Pos-sa: Lacerar, quebrar.

Poti: Blanquear.

Pulit: Embrear.

Pupol: Manco.

Puso: Panoja.

Pusod: Ombligo.

Puto: Hierro.

Q

Que: Nosotros, en sentido de plural segundo.

Quemon: Costumbre, modo de ser.

Quempot: Latir.

Queset: Rascar.

Quíbid: Boquituerto.

Quibod: Lanzadera.

Quibod quibod: Tortuoso.

Quibot: Aguijón.

Quibot-quibot: Gusanear.

Quiebid: Destajo.

Quiguid: Agitar.

Quiguit: Rasguño, rasguñar.

Quilala: Conocer.

Quilat: Centella, rayo.

Quilid: Costado, lado.

Quilid-an: Cualquier parte lateral.

Quilot: Averno, infierno.

Quimot: Cerrar la herida.

Quim-mat: Perfección.

Quinamot: Sementera.

Quindal: Piel.

Quindal ca olo ca malií ca mama: Prepucio.

Quingot: Ahorrar.

Quingot-an: Ambición.

Quingot-on: Ambicioso.

Quin-nam: Probar.

Quin-nam-an: Probanza.

Quin-ngan-ni: Actualmente, ahora.

Quinom-mos: Masa.

Quinotcot: Roedura.

Quio: Vosotros, plural de cona.

Quioc: Gruñir.

Quipos: Menguar, deshinchar.

Quipot: Decrecer.

Quipot quipot: Gusanear.

Quiray: Cejas.

Quiring quiring: Cabecear.

Quiris: Cris.

Quirong: Relámpago.

Quisi: Manta, tela de abacá tejida por las mujeres.

Quisquis: Velar.

Quita: Nosotros.

Quita: Ver.

R

Rab rab: Hoguera.

Rac-có: Barraca.

Ragami: Eno.

Ragoro: Jugar.

Ramot: Raíz, arraigar.

Ranga: Amar.

Rangin: Blasón.

Rangot: Farfalloso.

Rano: Afligirse.

Rantao: Esterilizarse. || Visitar.

Rantaoan: Torre, campanario.

Rantas: Desaforrar.

Rapas: Faltar, alterar.

Raprap: Piar.

Rarac: Agasajar.

Raro: Herida.

Rasras: Incisión.

Rengasa: Asediar, empalagar.

Repara: Cedro.

Rep-po: Desgajar.

Reringan: Carro, coche, carreta.

Rib-boong: Fogón.

Rimot: Majar.

Rinaprap ca cayo: Viruta, astilla.

Ringasa: Molestar.

Río: Sensibilidad, sentido, sensación.

Rioa rioa: Nombre de un Ser espantoso y malo, que suspendido en el cenit a manera de péndulo largo, llega con su boca a la tierra para devorar a los hombres que su muchacho Tabancac le presenta.

Riois: Chorrear.

Ripa: Porqueria, suciedad.

Ripongot: Aborrecer.

Ripos: Tizón.

Risi: Incisión.

Riuac: Salvado.

Robac: Hozar.

Rob-bad: Engendrar.

Roc-cod: Arrepentirse.

Roc-cot: Uñero.

Rocot: Arrugarse.

Rogbac: Cascar.

Rog-gong: Brindar.

Rognas: Destruir.

Rogrog: Arder.

Roma: Vaina.

Romocod: Arrepentirse.

Rompac: Abalanzarse.

Rompasanan: Fondeadero.

Ronao: Deshacer, desleír, deshelar.

Rongoc: Roncar, ronquido, rugido.

Rongrong: Interpelar.

Roran: Carga, cargar.

Roro: Granero, esteva.

Roros: Descorrer, arriar cortina.

S

Sa: Té.

Sabao: Caldo.

Sab-bad: Uno: Ca sab-bad al-lo. Anteayer: Ca sab-bad doquilom. Anteanoche.

Sabé: Mostaza.

Sablag: Plato.

Sabó: Envidiar.

Sabo-an: Envidioso.

Sabocan: Goloso.

Sabol-log: Aliciente.

Saboy: Aspiración.

Sabud: Esparcirse. || Desparramar.

Saca: Subir, ascender.

Saca-anan: Subidero.

Sacad-do: Caña para guardar agua, vino, etc.

Sacang: Estevado, de piernas arqueadas.

Sacay, saque: Embarcar.

Sacda: Corregir, refrenar.

Sacop: Contener. || Súbdito.

Sadan: ¿Quién?

Sadón: Así.

Sadón gó: Así es en verdad.

Sadón paden: Además.

Sagang: Patio.

Sagca: Estimular, inducir.

Sagolapon: Nube, celaje.

Sagpong: Cerrar, tapar. || Trama.

Sagpong-an: Cerradura, tapadera. || Cortina.

Sagsac: Acuchillar, matar a cuchilladas, según lo hacen los bagobos con sus victimas en los sacrificios humanos: Sac-con diri somagsac. Yo no hago sacrificios humanos: Yan bagobo y diri mod-do ta carsada, maboc-cor pa somagsac. El bagobo que no vive en la Reducción, es todavía sacrificador.

Sagual: Tornapuntas, puntal.

Saguing: Plátano, planta y fruta así llamada.

Sai: Urdir.

Sait: Apaciguar.

Sagpi: Desgajar.

Saiyan: Antaño.

Sála: Falta, pecado, deuda.

Salaan ca oaig: Filtro.

Salabit: Mencionar.

Salabit-an: Mención.

Saladong: Venado.

Salag: Anidar.

Salagbat: Collar, rosario cuando se lleva colgado del cuello.

Salagpus: Disciplina.

Salamat: Agradecer.

Salampang: Arpón.

Salampo: Lisonjear.

Salangan ca lansoc: Palmatoria.

Salanpang: Arpón.

Salapao: Remollar.

Salápid: Honda. || Trenza, trenzar.

Sale: Pimienta.

Salicopcon: Convexo.

Salidoc: Arcaduz.

Salig-gut: Apretar, apiñar.

Salin: Elegir.

Sal-lad: Encallar.

Sal-lag: Guisar.

Sal-lap ca al-lo: Puesta del Sol.

Sal-lat: Puerta.

Sal-le: Libar.

Sal-lom: Amanecer.

Salod: Alambicar.

Salod-an: Alambique, embudo.

Salog: Pavimento.

Salogsoc: Hilvanar.

Salole: Flauta.

Saloling: Guirnalda.

Salol-lo: Mirar.

Sama: Quedar, remanente.

Sambag: Exhortar, acriminar.

Samoc: Alboroto, alborotar.

Samoc-on: Alborotador.

Sampingan: Cresta.

Sampinit: Zarza, abrojo.

Sampot: Nalga.

Sámpot: Acordarse.

Sampot ca cagui: Silabear.

Sancob: Envestir, acometerse los gallos.

Sancop: Contemporizar, consentir.

Sanda: Fianza.

Sandaoa: Azufre. El volcán Apo.

Sandayan: Escaño.

Sandig: Respaldar.

Sandig-an: Estribadero.

Sanganga: Magullar.

Sangat: Enganchar, gancho, broche.

Sangat-anan: Percha, colgador. || Aldaba.

Sangot: Hoz.

Sanguil: Moro, sarraceno.

San-na: Encomiar.

San-nad: Creces, aumento, exceso.

San-ñi: Cuchillito que usan los bagobos.

Saoa: Consorte.

Saoad: Esceder, sobrar.

Saoal: Forcejar.

Saog: Hisopar.

Sapa: Jurar, juramento.

Sapad: Saquear, robar, arrebatar.

Sapayan: Durmiente, tirante puesto sobre los postes o harigues de una casa.

Sape: Vaca, buey.

Sapi: Dinero, plata.

Sapolo: Diez.

Sapót: Tela blanca. || Amortajar.

Sara: Colar.

Sara-an: Colador.

Sarab: Incendiar paja, cogon, bosque, etc.

Sarang: Seca, sequía.

Salapati: Palomo.

Sari: Señal, señalar, marcar.

Sarig: Confiar, confianza.

Saringsing: Vástago.

Saroa: Presencia, asistencia personal.

Saroal: Calzón, pantalón.

Sarompong: Leer.

Sásao: Turbación, trastorno.

Sauit: Trascender.

Sauton: Ojalá.

Saya saya: Adorno, atavio, adornar.

Sayao, sayo: Baile, bailar, danzar.

Sayap: Birrete.

Sayiop: Mecer, columpiar.

Sayog: Oscilar, oscilación.

Sedop: Absorber.

Se-eb: Manto.

Selec: Calumnia, calumniar.

Selec selec: Imputar.

Sel-lat: Vestíbulo, puerta.

Semana P. e: Semana. Espacio de tiempo de siete dias con sus noches.

Seringan: Comarcano.

Setset: Recortar.

Si: Artículo de nominativo para nombres propios de hombres y animales, V.gr. Si Juan. Si José. Si Merlin.

Sia: Silla de montar.

Siao: Nueve.

Sibulan: Tibor.

Sical: Marchar.

Sicapat: Real fuerte.

Sicó: Codo.

Sico sicó: Culebrear.

Sicob-bang: Vejiga.

Sicop: Pega.

Sid-do: Hipo.

Sidor: Punzar.

Sigbot: Broza.

Sigong: Entorchar.

Sigop: Fumar.

Sigop-an: Cigarro.

Sigpit: Estrechar.

Sihag: Flagrante.

Siib: Tapar.

Silad: Buri. Palma así llamada. ==Casiladan. Lugar de mucho burí.

Silag: Pelo.

Silag silag: Fibra.

Silag-olon: Peluca.

Silat: Deslumbrar.

Sil-la: Brillar.

Silsil: Cincel.

Simag: Mañana.

Simag sel-lom: Mañana por la mañana.

Simat: Aguja.

Simba: Misa. || Sumimba ca. Ve tu a misa.

Simba-an: Iglesia.

Sinalapid: Trenza.

Singi: Grillar, brotar.

Singi-anan: Brote, retoño.

Sinod-don: Lazo.

Sinolit: Hilo.

Sinos-song: Pozo.

Sintoc: Apuñetear.

Siong: Abajo.==Pasíong. Humillarse.

Sipa: Patada, coz, cocear.

Sipa sipa: Patalear.

Sipang: Hasta.

Sipang-an: Límite, término.

Sipaon: Catarro.

Sipit: Alicates, tenazas.

Sipod: Evacuar en los calzones.

Siral: Palmera silvestre de este nombre.

Siring: Duende.

Sisic: Carey.

Sisig: Cerner.

Sisip: Metaforizar.

Sisipi: Secretear, hablar en secreto.

So: Por, porque.

Sob-bado: Distinto, distinguir.

Sobol: Falca.

Soc-ca: Acornar.

Soc-cor: Enganchar.

Socod: Medida, medir.

Socol, subong: Mango.

Socot: Cobrar.

Socsoc: Entremeter.

Sod-do: Desafinar.

Sod-dor: Saber.

Sodo: Desportillar.

Sog-go: Llorar, exclamar.

Sogo: Mandar, mandato.

Sogo sogo-on: Mandadero, criado.

Sogpat: Añadir, alargar.

Sol-log: Mirar.

Sol-log-anan: Balcón, azotea.

Sol-lom: Amanecer.

Sol-loy: Empujar.

Solo: Bugía, luz.

Soló: Uña.

Soló-an: Uñero.

Solog: Corriente.

Solop: Fuente.

Sombal: Arigue, columna.

Som-mad: Colisión.

Som-mar: Salir al encuentro.

Som-mud: Acometer.

Songanga: Magulladura.

Songo: Hocico.

Songod: Dádiva que hace el pretendiente a los padres o mayores de su novia.

Songod ca cacan: Mantenimiento.

Songsong: Calafatear, entrapar. || Ir en dirección contraria al viento. || Tapón.==Sablagan co si cona sab-bad gatus, ibo songsongan y talinga no. Te daré cien platos para tapar tus oidos, para que te calles como si no hubiese oido nada de lo que se ha dicho de ti. (Modo muy usado por los bagobos.)

Songsongno: Parche.

Son-naan: Adorar.

Son-nang ca moros mal-lo: Crepúsculo de la mañana.

Son-ni: Emboscar. || Desgranar.

Son-ning: Faltriquera.

Son-nod: Demasía, demasiado.

Sonod: Loar.

Sonud ina: Madrastra.

Sooc sooc: Entradas del pelo de la parte superior de la frente.

Sop-pa: Pinpollo, tallo, retoño.

Sop-potan: Manantial.

Sop-potan-an ca oaig menit: Aguas termales. Termas.

Sopsop: Chupar, fumar.

Sorang: Barba.

Soroc: Balde, batea.

Sorong: Ataque, impugnar.

Soso: Teta, pechos de mujer. || Pasoso. Amamantar.==Pasosoan no yan bata. Dá de mamar al niño.==Pamasoso. Nacer: Si Jesucristo igpamasoso ta gottec ni María Santisima, tacud ca tulus ca Dios Espíritu Santo. Jesucristo nació de María Santisima, concebido por obra y gracia del Espíritu Santo: Migpasoso. Dar a luz, parir.

Sosoc: Verificar.

Sosogcori: Enganchador.

Sosop: Embeber.

Soyi: Distinguir.

Suag: Cuerno, acornar.

Suat: Peine.

Suay: Desviar, separar.

Suba: Remontar un río, vadearlo.

Sub-ban: Abandonar, dejar.

Sub-but: Zursir.

Subi: Zangolotear.

Suboc: Naufragar.

Subong: Mango. || Puñal.

Suca: Vinagre.

Suc-ca: Acornar.

Sud-da: Pescado.

Sudiang: Púa, espina.

Sud-dion: Meretriz.

Sugat: Cóngruo, justo.

Sugpit: Apretar. Caña hueca y delgada con que los niños soplando disparan flechas a los pájaros y otros animalitos.

Sumadón: Según, así.

Sup-put: Palpitar.

Surat: Escribir, escritura, escrito.

Susong: Gubia.

T

Ta: De nosotros, nuestro. Genetivo del pronombre quíta plural.

Ta: Preposición. Se usa esta preposición alguna vez en lugar de ca, cuando ésta podria confundirse con ca pronombre. Así para decir: Allá en el agua, diremos: Doton ta oaig: y no doton ca oaig, que literalmente podria entenderse, allá tu al agua. Es ordinario entre bagobos prescindir tanto de ca como de ta, si el sentido está claro según su modo de decir. Así v.gr. para decir: Allá en el agua, basta decir: Doton oaig. Allá en el cielo. Doton langit, etc. Alguna vez no se puede prescindir de la proposición, como V.gr. Ta Dios doon madigos timbangan, etc. En Dios se miden bien las cosas, etc.

Taba: Contestar, responder.

Tabá: Gordura.

Tabancac: Espíritu. Espíritu de impureza y libertinaje, cuyo oficio es tentar a hombres y mujeres contra el sexto y nono mandamiento de la ley de Dios, para que habiendo muchos escándalos, riñas y asesinatos, tenga que comer en abundancia su amo Rioa rioa, según aseguran los viejos bagobos.

Tabancac-on: Impúdico, libertino, deshonesto: Tabancacon baye. Mujer ramera.

Tabang: Ayudar.

Tabas: Cortar ropa.

Tabilay: Lagarto.

Tabit: Maroma.

Tabo: Taza o escudilla para beber agua. Hecha ordinariamente de la cascara interior del coco.

Tabó: Concurrir varios sujetos en un mismo lugar y hora determinada: Simag doon tabó co. Mañana tengo tabó, es decir, tengo que concurrir a tal parte.

Tabo tabo: Caspa.

Tabo taboon: Casposo.

Taboan: Abejarrón.

Taboc: Histérico, estómago.

Tabogan: Lago.

Tabogog: Calamar.

Tabu: Para que, a fin de que.

Tabucao: Bubas.

Tac-cob: Cobertera.

Taclayan: Muñeca.

Táco: Robar.

Táco táco: Ratear.

Taclob: Cobertera.

Tacob: Cueva, caverna.

Tacob-an: Cavernoso.

Tacod-don: De ahí, de resultas.

Tacón!—Interjección de admiración. Interjección de admiración, V.gr. Un bagobo pide un poco de tabaco a su companero, y este le dá la tabaquera para que él mismo se lo tome. Mas al rescojerla se le oye exclamar: ¡Tacón adi! ¡Ah, amigo! como si dijera: Te lo has llevado todo!

Tacud: Origen. || Venir, proceder.

Tacud-an: Procedencia.

Tad-dao: Alumbrar.

Tad-do: Ahí. || Estar aquí o ahí.

Tad-do sipang: Hasta aquí. Non plus ultra.

Tad-dong: Manto.

Tadib: Aportillar.

Tading tading: Mangonear.

Tadip: Cortza.

Tadloyan: Arcaduz.

Tado: Cera.

Tadtad: Picar, hacer picadillo, destrozar.

Tae: Estiercol.

Taga: Partícula que antepuesta a nombres o raíces que significan vestido, armas, lugar, etc. quiere decir que el sujeto de quien se habla es de aquel lugar, lleva aquellas armas, vestido, etc. V. gr: Yan tagacabon-nosan manobo gabe igbono. El salvaje suele ser asesino: Yan tagatan-colo manobo, toó matig hoaga si candan. Los que llevan tancolo en la cabeza, esos son verdaderamente amantes de hacer sacraficios humanos. Yan taga-colaman madita tagasinapang manobo, manan cabaloan yan tagapoco. Entre los culámanes hay muchos que tienen fusiles, pero pocos tienen bolos para el trabajo.

Tagal: Despegar, desprenderse.

Tagat: Lazo, adorno de cintas, etc.

Tagbo: Correr.

Tagbosan: Arriar.

Tagmag: Coger, agarrar.

Tagna: Primero, antes: ¿Sadan y tagna manobo dini tana? ¿Quien fue el primer habitante del mundo?—Yan tagna manobo y miguimo ca Dios dini tana, si Adan y ngadan. El primer hombre creado por Dios en la tierra, se llamó Adan.

Tagnos: Desenvainar.

Tagom: Añil.

Tagomata: Estrabismo.

Tagon: Trampa.

Tagongo: Música bagoba. Consiste esta en tañer acompasadamente trés o cuatro ágomes escojidos y un tambor. Con esta música hacen los bagobos sus fiestas y bailes.

Tagon-noc: Mosquito.

Tagosangat: Moderar, moderación.

Tagotal-lot: Como el anterior.

Tagotong: Berengena.

Tagpoc: Bofetada.

Taguibis: Diarrea.

Taguing: Conturbar.

Taguinop: Soñar.

Taguinting: Enmohecer.

Taguitguit: Palitos para encender fuego.

Taho taho: Polvoreda.

Taiyoc: Trasero, trasera, parte posterior.

Tala: Partícula que antepuesta a raíces que significan oficio o estado, quiere decir que el sujeto de quien se habla es aquello que significa la palabra a que se justa esta partícula. V. gr: Atoc. Profetizar: Tala-atoc. Profeta.

Tala tala: Rana.

Tala-bog-gue: Dadivoso.

Talad: Repartir, dividir, hacer pedazos.

Talad-anan: Medida con su reparte.

Tala-duay: El casado o casada que se amanceba.

Talagtag: Explanada.

Tala-gonting: Barbero, peluquero.

Talaman: Estañer.

Talan: Encargar, encargo.

Talantang: Escala.

Talap: Espesar, llenar, erizar: Canac qui-namot igpatalap co ca sodiang, ibo diri oquitan ca manobo. He mandado rodear de púas mi sementera, para que nadie se atreva a pasar por ella.

Talapasad: Contratista.

Talasaoa: Cónyuges: Batasan madigor ca talasaoa sab-bad y guinaoa. Los cón-yuges deben tener una sola voluntad.

Talasuban: Salto de agua, cascada.

Tala-tincol: Campanero. || El que toca los ágomes.

Talim-boga: Cortesía, saludo, saludar, preguntar por la salud de alguno.

Talim-bog-gat: Lastre.

Talincocog: Colgadero.

Talinga: Oreja.

Talipag: Atravesar río, barranco, mar, etc.

Talisay: Almendro.

Tal-lo: Gotear, chorrear.

Talombaga: Bronce.

Talompa: Zapato, calzado.

Talondog: Ir en pos de otro, seguir en pos.

Taloy: Enfurecerse.

Taman: Ignorar, no saber una cosa con certeza. V. gr: ¿Manan migtauar yan Ocom? ¿Porqué ha llamado el señor Gobernador? Pregunta un bagobo a otro, y este contesta:—Taman adi. No sé amigo.

Taman ca manobo: A nativitate.

Tambac: Terraplén.

Tambaco: Tabaco.

Tambag: Imbuir.

Tamban: Sardina.

Tambara: Aparador. || Caña metida en el suelo o en el piso de la casa en sentido vertical, y abierta por arriba a la altura de un metro, sirviendo de armazón para sostener la taza o plato en donde los bagaobos ponen las ofertas que hacen al Diuata. || Chocita pequeña que suelen hacer en el camino que da entrada o salida a sus Rancherías, en donde caben varios platos y tazas para colocar las cosas ofrecidas al Diuata. Esta es la Tambara general de todos los bagobos de la Rancheria, sin perjuicio de la particular que tiene cada uno, y de la especial y mejor que en su casa suele tener uno de los principales del lugar.

Tambilao-an: Anís.

Tambiloc: Broma, un gusano.

Tambiray: Oblicuo.

Tambobong: Barraca.

Tamboco: Botón.

Tambod: Asear.

Tambon: Arropar, tapar.

Tambulala: Estrella, planeta.

Taming: Escudo.

Tamparasa: Lascivo.

Tampi: Estampar.

Tampipi: Vaina.

Tampod: Cortar.

Tana: Tierra. || El mundo.

Tana tana: Conjeturar, maliciar.

Tanan: Dejar, abandonar: Tananan nio yan tape madat batasan. Dejad vuestra antigua y mala costumbre.==Tananan co si cona. Te dejo, me despido de ti.

Tanat: Espolón, espolar.

Tancog: Estremecerse algo, conmoverse, temblar. || Sentir alguna alteración ó sobresalto. || Experimentar sensaciones o conmociones de cualquier especie, por la impresión que hacen las objetos sobre los órganos de los sentidos: Tancog ca panomdom. Resentimiento: Tancog ca laoa. Delectación.

Tancolo: Pañuelo de baganí o matón. Lo llevan en la cabeza los bagobos que han matado a lo menos una vez. Es de coquillo blanco, pintado de encarnado con dibujos y figuras especiales, por las mismas mujeres bagobas. El derecho de llevar tancolo no se hereda del padre, sino que se adquiere con hechos personales. Pueden para ello haber matado solos o en compañía de otros. Cara a cara o a traición. A un sano, o a un enfermo. O aunque sea a un niño. De manera que, por más que el tancolo sea la señal entre bagobos de que es un valiente el que lo lleva, de ordinario es un traidor y cobarde, y en general solo prueba el tancolo que asesinos y criminales cuantos lo usan.

Tandaan: Demarcar, señalar límites.

Tandan: Ajornalar, asalariar.

Tanding: Comparar. || Tantear, probar.

Tandoc: Ventosa.

Tanga: Cucaracha.

Tangá: Tranca.

Tangaad: Conato. || Desafío, desafiar.

Tangaad ca guinaoa: Empeño.

Tangas: Lío.

Tan-nob: Miel, jugo.

Tanod: Observar. || Tener celos.

Tanóg: Estrépito.

Tanque: Verraco.

Tanquis: Sostener.

Tapaya: Parra.

Tapayan: Araña.

Tape, tapay: Antiguo, antiguamente.

Tapid: Arreglar, acomodar.

Tapilac: Cienpiés.

Tapingon: Zarrapastrón.

Tapo: Compañón.

Tapong: Emplasto.

Tapongan: Aforrar.

Tappang: Pulgada.

Tappi: Cataplasma, cáustico.

Tapus tapus: Ultimamente.

Tapuri: El último: Tapurí al-lo. En el último día: Tapuri ca langon. El último de todos.

Taquilid: Ladearse, inclinarse.

Taquilid-an: Inclinación.

Taquin: Acompañar: ¿Tomaquin canac-can si cona? Me acompañas tu? Quieres acompañarme?—Agad madita manobo maro doton, taquinan no ded y madigor. Aunque muchos hombres vayan allá, ve solo en compañía de los buenos.

Tara: Partícula que suele anteponerse a algunas raíces, en cuyo caso quiere decir que el sujeto a que se refiere es aquello que la raíz rignifica. V.gr. Tab-bir, Coser. Taratab-bir, Sastre.

Taraba: Ostra.

Tarabang: Ayudar.

Tara-baoi-an: Médico.

Tara-batog: El que puede.

Tara-dagang: Comerciante.

Tara-dayong: Bogador.

Tarado-gang: Contemporáneo.

Tara-lompac: Belicoso, guerrero.

Tarang: Piedra pomez.

Tara-pip-pi: Lavandero.

Tara-sogpat: Intérprete.

Tara-tabang: Abogado.

Tara-tab-bir: Sastre.

Tara-tom-mong: Guardián: Tara-tom-mong ca yama. Pastor.

Taras: Cercenar. || Tajada.

Taren: Podar. || Capar, castrar.

Tarendite: Dedo meñique.

Tareng: Perpétuamente, siempre.

Tariga: Apodo, apodar.

Tarinan-na: Moroso.

Tarobtot: Tranca.

Taropot: Panera, canasto.

Tat-lo: Tres.

Tatud: Broma.

Tauang: Pobre. || Cosa que nada vale: Bog-gue tauang. Cosa que se recibe y no se paga: Regalo. Cagui tauang: Palabra que no vale.

Tauar: Llamar.

Tauas: Alumbre.

Tavion: Luctuoso.

Taytayan: Pantalán, andamio.

Tebuc: Enano, de poco desarrollo.

Tampuad: Volcar.

Tene tene: Desear, estimar.

Tenepa: Amén.

Tep-po: Voto.

Tesa: Teja.

Tete: Escalera.

Teytey: Escala.

Tiao: Transparencia, claridad, diafanidad.

Tias: Raedura.

Tibulo: Entero, cabal.

Tibuoc: Entero, que no le falta nada.

Ticab: Rumiar.

Tic-co: Esculpir. || Poner tuerto lo que estaba derecho.

Tic-co tic-co: Estorbar.

Ticlap: Lamer.

Ticod-duc: Subir.

Ticom: Cerrar la boca.

Ticos: Una sarta de hilos vegetales amarillos y negros, que a manera de ligas, son el más lujoso adorno con que los varones bagobos y otras infieles del 4.o Distrito de Mindanao hermosean sus desnudas piernas.

Tictican: Cribar.

Tictican-an: Criba.

Tid-das: Perfección.

Tid-doc: Cauterizar, quemar.

Tidoyo: Ballesta.

Tidoyog: Duplicar.

Tig: Partícula que antepuesta a algunas raíces significa que el sugeto de quien se habla es diestro en aquello que dice la raíz. V. gr: Pangadi. Rezar: Tigpangadi. Rezador.

Tigani: Presagiar.

Tig-apol: Rebelde, revolucionario.

Tigasao: Hormiga.

Tig-aton: Dueño.

Tig-banoa: Munícipe, cuidadano.

Tigbas: Acuchillar.

Tig-booy: Ubérrimo, fructífero.

Tig-camot: Labriego.

Tigcanayan: Motivo, principio, origen.

Tigcani: Principiar.

Tigmos: Callar.

Tigod-dog: Subida.

Tig-sob-bad: Sendos.

Tigtig: Eslabon.

Tiguiama: El primer nombre de los tres que los bagobos dan a la Divinidad.

Tiguiap: Tornillo.

Tiguit: Raer.

Tilil: Reclinar.

Tilil-an: Reclinatorio.

Til-la: Pulga.

Til-los: Engrosar.

Timal-lo: Dedo mediano.

Timbag: Tirar, expeler.

Timbalong: Cólico.

Timbaloy: Milagro.

Tim-mos: Amainar. || Acaudalar.

Timog-ga: Plomo.

Timon: Melón.

Timor: Juntar, reunir. || Paliar.

Timpuad: Abadejo, pescado seco.

Timtim: Paladar, paladear.

Tinaol: Aullar.

Tinape: Pan.

Tincob: Acurrucarse.

Tincolay: El badajo de la campana. || Mazo con que los bagobos hacen sonar sus ágomes.

Tindaan: Tienda, comercio.

Tindog: Empinar, levantar.

Tingarom: Tinte.

Tingato: Estátua.

Tingcol: Campanear. || Tocar los ágomes.

Tingot: Ambición.

Tingot-ton: Ambicioso.

Tinimbacol: Dedo pulgar.

Tinob-biran: Costura.

Tinonay: Continuamente.

Tinoncoan: Arguento.

Tinongos: Abalorio.

Tinoro: Enseñar.

Tinoro-anan: Escuela, academia, colegio.

Tinostos: Cigarro.

Tintoan: Insultar, instigar.

Tintodo: Dedo.

Tioc: Engarzar, ensartar.

Tiolo: Nombre de un bagobo de altura y fuerzas fabulosas que vivió cerca volcán Apo, y fue el fundador de la dinastía de los Datos de Sibulan. Su historia se conserva entre los viejos más principales de la Raza bagoba.

Tipac: Cacho, pedazo. || Despedazar.

Tipi: Concha nacar, madreperla.

Tipig: Insensato, insensatez.

Tipo: Calumniar, dañar.

Tipon: Reunir.

Tip-pal: Cántaro.

Titi: Agotar la taza.

Titican: Pedernal.

Tito: Cachorro.

Tit-ti: Destajar.

Tiuilan: Tortuga.

Toang: Estancar.

Toasan: Cauce, canal.

Tobid tobid: Desperezarse.

Tobo: Caña dulce. || Crecer.

Tobong: Siempreviva.

Toc-cos: Acompañar: Tomoc-cos ca canac-can. Acompáñame tu.

Tococon: Flojo, holgazán.

Tocqui: Lagarto.

Toctoc: Agujerear.

Todan-nan: Copla.

Tod-do: Consignar.

Tod-docan ca simat: Puntada de aguja.

Todlay: El tercero de los tres nombres que los bagobos dan a la Divinidad.

Todlibon: Nombre de una mujer pura y Santa que los bagobos veneran sin haberla visto ni conocido jamás. Muchas cosas dicen de ella que solo convienen a la Virgen Santísima. Esposa de Todlay, es sin embargo siempre Virgen. Es una deidad imaginaria a la cual veneran especialmente las mujeres bagobas, dedicándola una fiesta cada año.

Todong: Toldo, dosel.

Tod-tod: Pico, picotazo, picadura.

Tog-gas: Fuerte. Duro.

Tognos: Noroeste.

Togol: Viejo, provecto.

Togot: Conceder.

Togpo: Bajar, comparecer.

Togpo ca coda: Apearse.

Toguing: Aguja de navegar.

Tolali: Copo de algodón.

Toli: Cerilla de las orejas.

Toliao: Oropéndola.

Tol-labon: Garza.

Tol-lan: Hueso, costillas.

Tol-lan ca bocog: Espinazo.

Tol-li: Prévio, anticipado.

Tol-log: Huevo, compañón.

Tol-lud: Naufragio, naufragar.

Tol-lug-anan: Overa, ovario.

Tolotoloan: Precipitado.

Toma: Chinche.

Tombay: Alargar.

Tom-mong: Administrar.

Ton: Allá: Ton datas. Allá arriba.

Tonao: Derretir, colicuar.

Tonas: Pimpollo.

Tonda: Tirar: Tonda ca bato. Tirar piedra.

Tone: Natural, ingénito: Tone ca manobo. Natural y propio del hombre.

Tonga: Mitad, medio, en medio.

Tongal: Cogote.

Tongan: Cabellera.

Tongco: Coloquio, confabular, hablar con otro.

Tongo: Guardar, cuidar.

Tongo-anan: Baluarte.

Tongos: Enfaldar.

Ton-nao: Fiambre.

Ton-noc: Constantemente.

Ton-nub: Jugo, suco.

Tonton: Vertical. || Nivelar, aplomar.

Too: Verdad, verdaderamente, cierto.

Topas: Molave, madera fuerte, de corazón.

Topong: Medir.

Topong-anan: Medida.

Top-pe: Saludo.

Top-pe top-pe: Saludar.

Top-po: Quebrar.

Top-poc: Pereza.

Top-poc-on: Perezoso.

Top-poc-anan: Poltroneria, flojedad para el trabajo.

Totoc: Amansar.

Toy: Ese, esa, eso: Toigo. Ese, esa, eso mismo.

Tuang: Colicuar, derritir.

Tuay: Pechina, concha más ancha que larga, sumamente lutrosa con dientecitos en los labios.

Tubang: Delante, enfrente.

Tub-bag: Rajar.

Tub-bing: Culo.

Tub-bir: Coser.

Tub-buc: Picar los peces.

Tubúa: Lanzones o lanzón. Fruta muy sana.

Tuca: Punta.

Tucod: Báculo.

Tud-dong: Manto negro.

Tudong: Pálio, dosel.

Tudtud: Atragantarse.

Tudug: Dormir.

Tulay: Puente.

Tulid: Enderezar.

Tulin: Prosperar.

Tul-li: Previo.

Tul-log: Entumecer.

Tulo: Estólido, falto de razón.

Tulo-an: Loco.

Tulod: Expeler.

Tuman: Cumplir.

Tumberas: Jaqueca.

Tuya: Esponja.

Tunay: Máxime. || Natural, propio.

Tungiab: Piña, fruta riquísima de Filipinas y países de América.

Tungog: Madera de mangle así llamada, muy dura y fuerte.

Tupang: Bajada.

Tupo: Circuncidar.

Tupong: Forrar.

Tup-pad: En frente, frente a frente. || Concernir, pertenecer.

Tup-pas: Granza.

Tup-pic: Migar.

Tuquis: Inculcar.

Tuquit: Alcanzar, comprender.==Yan lagpus ca Dioata andá pa toquit ca bánua. El castigo de Dios no ha alcanzado a todos.

Tutoc: Acertar.==Andá macatutoc. Equivocación.

Tutub: Pañuelo.

Y

Y: Artículo el, la, lo, del cual se usa cuando al sustantivo le precede un adjetivo calificativo, V. gr.: Y mapía manobo. El hombre bueno. También se usa como relativo. V. gr.: Langon manobo y don guinaoa ca Dios, nomunoc ca candin palenta. Todos los hombres que aman a Dios, obedecen a sus mandatos.

Yama: Animal doméstico: Taratom-mong ca yama. Pastor: Yama ca ap-pat y páa. Cuadrúpedo.

Yan: Artículo el, la, lo: Yan manobo. El hombre: Yan palad madigor. La suerte feliz: Yan dap-pan. Lo justo. También se usa alguna vez como demostrativo, V. gr: Yan go. Esto es: Yan ded. Este solamente: Yan ded gao, yan ded gao. Esto es, dale que dale, etc.

Ys-sor: Atosigar.

Ytong: Preservar.

Ytub: Desnaturalizar, desterrar.

www.ingramcontent.com/pod-product-compliance
Lightning Source LLC
Chambersburg PA
CBHW052012240626
47153CB00008B/2850